KB052444

최고 리더의 조건

최신 리더의 조건

초판 1쇄 인쇄   2017년 5월 30일
초판 1쇄 발행   2017년 5월 30일

지은이 안은표
펴낸이 김형성

인쇄 (주)정민P&P
제본 정민문화사

펴낸곳 (주)시아컨텐츠그룹
주소 경기도 파주시 재두루미길150(활자마을)
전화 031-955-9696   팩스 031-955-9393
E-mail siaabook9671@naver.com

ISBN 979-11-961212-0-4
값 14,500원

지속적인 자기계발과 자기 혁신을 위한 최상의 전략

최고
리더의
조건

안은표 지음

 시아

카네기의 '사람을 움직인다'라는 책은 1936년 초판이 나온 이래 오늘날까지 1,500만부 이상이 팔린 세계적인 베스트셀러이다.

그는 자기 자신의 인생체험과 프로이트, 존 듀이 등의 심리학과 철학을 폭넓게 연구하고 공부한 후 저술에 임했다고 한다. 이 명저는 인간의 자상함과 성실함으로써 사람을 움직이는 방법론을 구체적으로 제시하고 역설한 점이 독자의 공감을 불러일으켜서 역사에 남는 귀중한 한 권의 책이 되었다고 볼 수 있다.

이는 항상 상대방의 입장을 견지하고 쓸데없는 비판이나 비난을 삼가며, 논쟁에서는 이기면서 그 대가로 친구를 잃어버리는 어리석음을 경계, 솔직하고 성실하게 상대편과의 인간관계를 유지하는 데 대한 교훈을 담고 있기 때문이기도 하다.

오늘날 기업 사회 내부에서 부하를 움직이는 데에도 가능하다면 이러한 자세가 바람직하다. 현재 시중에는 카네기가 주장하는 따뜻한 인간관계를 그대로 응용한 리더십 내지 부하 다루는 방법을 풀이한 책이 적잖이 나와 있다.

그러나 우리들의 주변을 살펴볼 때 과연 성실과 감동만으로 부하를 움직일 수 있겠는가? 오늘날 사회와 기업의 풍토는 솔직하게 말해서 상사와 그와 같은 인간적인 유대 관계를 거부하는 젊은이가 늘어나고 있는 것이 사실이다. 이런 세대에게 따뜻한 인간관계가 통한다고 장담할 수 있는가? 물론 시간과 공을 오래 들이면 인간은 누구나 이런 종류의 정감 어린 인간관계에 공감을 나타낸다. 그러나 어쩔 것인가? 오늘날 기업의 현실은 분명하다. 부하직원과 오랜 시간을 함께 하며 끈끈한 인간관계를 맺고 있을 여유가 없다. 자신의 부하직원이 중용할 수 있는 인간인지, 그저 도움이 되는 정도의 인간인지는 관리자에게 최대 관심사가 아닐 수 없다.

그렇다고 부하에게 "자네가 도움이 될지 여부가 최대의 관심사이다"라고 진심을 말하는 어리석은 사람은 없을 것이다. 기업 내부의 인간관계 역시 서로의 인간성에 호소하는 점이 있어야 가능할 것이다. 하지만 이 책에서는 꼭 그래야만 비로소 제대로 된다는 형식적인 말을 강조하지는 않을 것이다.

그런 형식적인 말대로 살아가는 것도 그런 대로 좋다. 그러나 현실에서는 상당히 계산이 빠르고 타산적이며, 이기적이고 자기만 좋으면 된다는 개인주의적 성향이 강한 사람이 많다. 형식적인 말을 하는 입과 진심이 다른 분열된 인간이 우왕좌왕하며 그렇지 않아도 어려운 조직과 사람의 관리를 더욱 어렵게 만들고 있다.

그러므로 부하를 통솔하는 방법의 핵심을 구체적으로 생각해 보면 어떻게 될까? 자신의 장, 단점을 정확히 인식하고 상대방에게 어떻게 말하는 것이 가장 효과적인가를 생각한 다음 명쾌한 통솔 방법을 연구하려는 것이 이 책의 참뜻이다. 최고경영자가 되기를 원하는 사람이라면 자기 자신을 강하게 단련하는 것부터 시작해야 한다고 나는 굳게 믿고 있다. 공자도 '대학'에서 '수신제가치국평천하'라 하여 무릇 장부가 큰일을 이루고자 할 때면 자신의 몸부터 닦으라고 가르치고 있지 않은가! 창업을 준비하고 있거나 혹은 CEO를 꿈꾸는 젊은이들이라면 원대한 이상과 포부를 가지고 한 방향으로 일로매진하기를 간절히 바라고 싶다. 특히 리더는 모든일에서 정직성, 신뢰성 그리고 일관성을 원칙으로 리더십을 발휘하고 자신과 조직의 방향을 점검하는 습관을 들이는 것도 중요한 일이다. 미래는 꿈꾸는 자에게 열려 있는 것이다. 이책이 미력하나마 독자 여러분들이 웅지를 실현해 나가는데 작은 도움이 되기를 바란다.

2017. 6.

목 차

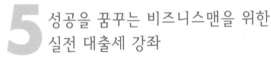

성공을 꿈꾸는 비즈니스맨을 위한
실전 대출세 강좌

최고의 리더가 되고
싶다면 나를 강하게
만들어라

리더의 첫째 조건은
커뮤니케이션이다

        기업조직의 특성상 회사 내부에서 상사와 부하의 관계는 갈등이 생길 수밖에 없고 성자가 아닌 이상 시간이 지나다 보면 서로 간에 불만이 싹틀 수밖에 없다. 제대로 인간관계가 이루어지지 않는 경우가 다반사인 것이다.

    부하가 무능하여 업무를 추진하는 데 있어서 별로 도움이 되지 못하면 상사는 부하에 대해 내심 원망하게 되며 좀더 의욕적이었으면 하고 부하의 변화를 바라게 된다. 만일 상사가 이런 상태의 자기 속마음을 자신의 부하에게 이야기한다면 마찬가지로 부하는 자기의 상사가 잔소리만 하고 무엇이든 부하에게 책임을 미룬다는 불만을 갖게 된다.

어쨌든 같은 조직 내에서 동료나 혹은 상사와 서로 갈등을 빚는 일이 빈번한 것은 결코 바람직한 일이 못된다.

부하가 무능하고 도움이 되지 않는다는 사실을 한탄한다고 해도 문제는 해결되지 않는다.

우선 자신의 사고방식을 분명히 하는 편이 좋다. 어찌 보면 조직사회에서의 상사와 부하의 관계는 부모가 정해 주는 맞선 결혼과 같은 것으로 전혀 다른 환경 속에서 생활하던 사람들이 만난 것이기 때문에 마음이 맞지 않는 것이 당연하며 제대로 인간관계가 이뤄지는 경우는 드물다는 생각을 해야만 한다.

제대로 되지 않는 것이 당연하다는 전제가 있다면 부하가 자신의 생각대로 움직이지 않더라도 그다지 신경을 쓰지 않게 된다. 따라서 도움이 되지 않고 무능하다고 원망하지도 않고 한탄하지도 않는다.

부하를 원망하거나 한탄하는 관리자들이라면 먼저 부하와 상사의 관계에 대한 깊은 통찰이 필요할 것이다. 한국의 비즈니스맨들은 상사는 부하의 재능을 충분히 끌어내야하고 부하는 상사를 위해 목숨을 다하여 일해야 한다는 마치 동화 같은 사고방식이 마음 한구석에 숨어 있다.

부하를 움직일 때 이런 동화 같은 순진한 생각은 장애가 될지 언정 실제로 아무런 도움이 되지 못한다. 그런 생각보다는 어차피 부모가 정해준 인연처럼 상호 간에 커뮤니케이션이 제대로 되지 않는 것이 당연하다는 사고가 전제되어야 한다. 그런 다음 자신의 모든 부하를 다시 한 번 살펴보아야 한다.

살펴본 다음에 과연 이들과 어떤 형태로 협력하고 또 어떤 프로젝트를 추진할 수 있는지 냉정히 판단하자. 상사의 입장에서 부하가 업무에 도움이 되지 않는다고 생각하는 경우의 절반 이상은 부하에 대한 상사의 과잉 기대 때문이라고 카네기는 지적하기도 하였다.

즉, 이런 경우라면 어떤 일은 도저히 할 수 없는 상대에게 무리한 요구를 하게 되고, 이것이 상사 자신의 명령대로 되지 않을 경우 그것은 당연한 결과인데도 이에 대해 화를 내는 사람이 많다는 것이다.

만약 제대로 되지 않는 것이 당연하다는 전제를 하고 있을 때 일이 제대로 추진된다면 그때의 기쁨은 배가 될 것이다. 이런 경우 진심으로 상대편을 칭찬해 주는 것이 좋다. 그러면 당신의 명령을 수행하는 당신의 부하 직원도 자신의 문제점에 대해서 한 번쯤 생각해보게 될 것이다. 그런 연후라면 다음에는 서로간에 의사소통을 함에 있어서 훨씬 더 창조적인 논의를 진행할 수 있을 것이다. 리더로서의 첫걸음은 타인과의 의사소통을 가능하게 하는 것이다. 더욱이 기업조직 내부에서 자신의 동료들이나 부하직원과 커뮤니케이션이 제대로 이루어지지 않는다면 어떻게 그런 사람이 최고 경영자의 자리까지 올라갈 수 있겠는가?

동화 같은 꿈을 버리고 제대로 되지 않는 것이 당연하다는 생각을 해야 적절한 통솔 방법이 생긴다. 리더로서 가장 중요한 자질은 합리적인 의사소통을 통해서 아랫사람을 잘 다스리는 것이라는 것을 다시 한 번 강조하고 싶다.

지식인이 곧
훌륭한 지도자는 아니다

어떤 집단이고 보스가 있기 마련이다.
보스가 되려면 어떤 형(型)이어야 하는가. 앞에 나서서 다소의
독재를 발휘하는 지휘형 이어야 하는가 아니면 집단의 한 가운
데 묻혀서 이끌어가는 참여형이어야 하는가.
　　미국 워싱턴 대학교의 심리학과 경영조직학 교수인 프레스.
E. 피에들러는 유능한 지도자가 갖춰야 할 다음과 같은 중요한

사실을 말해 주고 있다.

미국인들은 참여형을 선호한다.

지휘형 지도자들은 그가 속해 있는 집단의 사람들에게 무엇을 할 것인가를 지시하고 구체적으로 구성원 개인들이 해야 할 일을 상세히 알도록 가르쳐주는 게 보통이다. 그들은 또 조직의 구성원들이 어떤 기준에 따라야 하는가를 가르치기도 하고 그렇게 하도록 강요하기도 한다. 이렇게 함으로써 모든 사람들에게 보스가 누구인지를 알도록 만드는 것이다.

이와는 대조적으로 참여형 지도자들은 자신들이 이끄는 구성원들과 모든 문제를 상의하고 그들이 의견을 개진해 줄 것을 요청하고, 또한 사업계획과 의사결정에 참여해 주기를 호소한다. 어떤 경우에는 자신의 속내를 솔직히 드러내보이고 문제를 결정짓기도 한다. 민주주의 전통에 긍지를 가지고 있는 미국인들은 모든 사람들이 집단의 결정에 공헌할 수 있도록 하는 참여형 경영방식을 선호하는 경향이 있다.

참여형 리더십은 수많은 경영이론가들로부터 강력한 지지를 받아 온 것이 사실이다. 이들이 내세우는 참여형 리더십의 장점은 업무의 효율성을 극대화시킨다는 점이다. 반대로 지휘형 지도자들은 자신의 카리스마를 지나치게 강조하는 바람에 자신들이 거느리고 있는 사람들의 창의성을 떨어뜨리고 능력을 최대한으로 발휘할 수 없도록 함으로써 업무의 효율성을 떨어뜨린다는 것이다.

이처럼 참여형 지도자의 리더십에 대한 긍정적 평가는 나름대로 타당한 설득력을 가지고 있다. 대개의 경우 피고용인들은 자신들이 기업경영에 일부 직접 참여할 수 있는 참여적 경영방식과 분위기를 좋아한다.

그러나 피고용자들의 이 같은 인간적 만족이 반드시 경영 참여만으로 해결되는 것은 아니다.

현대와 같은 치열한 경쟁사회에서는 대부분의 기업들은 무엇보다도 살아남기 위해서 생산을 해내야 하는 데 이 같은 이유에서 '포드'나 '패튼' 장군 같은, 리더로서 강한 힘과 카리스마를 내세우는 극단적인 전제주의적 리더들도 성공할 수 있었던 것이다.

어떻게 보면 지휘형 리더십이나 참여형 리더십 중 어느 쪽이 보다 효과적이라고 단정 짓기는 매우 어렵다.

어느 쪽이든 간에 모두 특정한 조건 아래서는 나름대로의 강점으로 작용해 리더십의 빛을 발휘할 수 있기 때문이다.

어떤 기업조직의 구성원들이 모두 '예스맨'들이 아닌 이상 완전한 전제주의적 리더십의 방법으로 기업을 이끌어 나갈 수는 없다. 그러한 방법은 나름대로 강점을 지니고 있는 것이 사실이지만 의사 결정이나 프로젝트를 추진하는 과정에 있어서 모든 구성원들이 참여하는 합리적이고 민주적인 방법으로는 볼 수 없기 때문이다.

보다 발전된 경영스타일을 결정짓는 중요한 요소는 연구를 통해서 뿐만 아니라 일상의 경험에 의해서도 분명히 나타나고 있다.

지도자라면 분명히 자신의 의사를 표현하고 직접 업무를 파악할 수 있을 정도로 유능해야 하지만 반드시 높은 수준의 지식을 가질 필요가 있는 것은 아니다. 미국에서 가장 훌륭했던 역대 대통령 중 몇 명은 명성만큼 효율적이지 못했고 또 가장 성공을 거두었던 대통령 중 몇몇은 그렇게 뛰어난 지식인이 아니었다는 점이 이를 충분히 입증하고 있다.

한 연구 결과에 따르면 그 차이는 결국 지도자의 리더십 스타일을 그가 처한 상황과 어떻게 조화를 시키느냐로 귀착된다고 볼 수 있다.

지식 수준이 높을수록 성과는 빈약하다

여러 팀의 고교생들을 포함해서 의무병, 학군단후보, 간부후보생, 신병훈련소의 훈련병 등 다양한 집단을 연구한 결과에 의하면 거의 모든 경우에 구성원들은 지도자의 자질로 지도자의 카리스마와 구성원들의 지지를 이끌어내는 것을 당연한 지도자의 조건으로 꼽았다. 모든 연구에서 지도자의 지적 수준이 측정

된 것은 물론이다.

　연구대상 집단의 성과는 다양한 전문가들에 의해 점수가 매겨졌고 한 연구에서는 30초 동안에 얼마나 많은 문제를 푸는가 하는 방법도 도입 되었다. 지도자의 지적 수준은 그 지도자가 독재적이고 지지그룹의 지지도 여부에 영향을 받지 않을 경우에만 업무수행에 고도로 기여하는 것으로 나타났다. 그리고 모든 다른 조건 아래에서는 지도자의 지식이 집단의 성과에 공헌을 하지 못할 뿐만 아니라 놀랍게도 오히려 지식수준이 높을수록 성과가 빈약하다는 사실도 밝혀냈다. 머리가 좋은 지식인 리더들의 성과가 빈약한 이유는 여러가지 면에서 이해될 수 있다. 우선 그들은 문제해결을 위해 너무 많은 아이디어들을 한꺼번에 쏟아놓는다는 것이다.

　그래서 그 집단의 구성원들은 지도자의 많은 아이디어 중 어느 것을 따라야 할지, 또 그것을 자신의 아이디어와 맞출 수 있을 것인지 혼란에 빠지게 되는 것이다.

　두 번째로 지도자가 뛰어나면 구성원들이 그에게 어떤 가르침이나 지침을 기대하게 되고 만일 지도자가 그렇게 하지 않을 경우 강한 배신감이나 좌절감을 느끼게 된다.

　세 번째 가능성은 뛰어난 참여형 지도자일수록 너무 많은 시간을 직원들로부터 의견을 청취하는데 소비함으로써 업무 실행에 있어서 시간을 소비한다는 것이다.

만일 당신이 지도자로서 머리가 좋은 지식인 리더라면 조직 구성원들에게 무엇을 하도록 지시를 하고, 만약 머리가 뛰어나지 못하다면 다른 사람들로 하여금 그 같은 지시를 하게 하라.

최소한의 노력으로 최대한의 경제적 이익을 지킬 수 있는 방법중의 하나는 관리자들과 주요 전문가들의 재능을 낭비시키지 말고 극대화 시켜서 최대한 활용하는 일일 것이다.

지배자가 아닌 지혜로운
조언자가 되라

　　　　　세상이 어려울 때일수록 백성들은 훌륭한 지도자를 갈구한다. 흔한 말로 난세엔 숱한 영웅이 나오게 마련이지만 이들이 진정한 의미에서의 지도자였는지에 대해서는 이견이 없을 수 없다. 지배자가 아닌 지도자는 과연 어떤 상이어야 하는가? 덕보다는 능력이 더 한층 중요시되는 오늘날 한국 사회에서 한국형 리더의 조건은 어떠해야 하는지 조용히 음미해보자.

폭력 아닌 설득이라는 수단 사용

우리 시대에는 지도자라는 말이 꽤나 자주 등장하곤 했다. 이는 지도자가 곧 필요하다는 뜻에서만이 아니고 어떤 정치권력자를 숭배하려는 뜻에서 강조된 면이 있는 것도 사실이다.

지도자는 사실 '지배자'와는 다른 측면에서 이해되어야 한다. 지도자는 한 집단을 이끌어감에 있어서 조직의 이상과 조직원들의 이상을 적절히 조화하고 통일성을 유지하며, 그 성원들에게 행동에 지침을 마련해주고 미래에 대한 비전과 방향을 제시해주는 역할을 하는 사람이다.

그러한 점에서 지도자는 집단 혹은 조직의 리더이며 그것이 결코 지배자를 의미하는 것은 아니다. 히틀러 시어의 지도자 원리처럼 그저 '최선의 두뇌'는 한 사람만이 가지는 것이 정의이고 국민은 오로지 이 지도자의 결정에 따라서 움직여야할 뿐이라는 생각을 지금 이 시대에 강요할 수는 없다. 그것은 전제주의적 시대의 낡은 유물이지 결코 현재와 같은 민주주의시대의 사고방식일 수는 없는 것이다. '강력한 지도자의 원리'를 강요하는 시대정신은 사실 '지도자'의 시대가 아닌 '지배자'의 시대에나 어울리는 것이라 할 수 있다.

이러한 점에서 볼 때 지도자는 분명히 모든 권력을 가지고 있는 지배자와는 다르다. 지배자는 질서를 형성한다는 측면에서 볼 때 자신의 독선과 카리스마를 적극적으로 통치에 활용한 사람들이라 할 수 있다.

역사적으로 볼 때 통치자들은 대개가 지도자이기 보다는 지배자들이었다고 볼 수 있다. '케사르나, '나폴레옹' 혹은 '징기즈칸' 이나 '알렉산더' 는 뛰어난 지도자이기도 했지만 실제로는 강한 권력과 카리스마를 지닌 지배자' 에 가까웠다고 할 수 있다.

역사의 전면에 화려하게 등장했던 군왕들은 통치자로서 지도적 리더의 역할을 수행한 것은 틀림없으나 권력을 바탕으로 국가의 질서를 유지하는 것이 중심과제였다는 점에서 그들은 모두 지배자였다고 볼 수 있다. 엄밀한 의미에서 지도자는 꼭 권력을 가질 필요가 없으며 질서를 유지하고 형성하는 것이 그들의 주된 임무가 결코 아니다. 그들에게 진정한 역할을 요구한다면 그것은 그들이 이끌어야하는 사람들에게 좀더 나은 미래의 비전을 제시하고 상황을 좋은 방향으로 이끌어 가는 데 있다. 이때 꼭 이들이 무소불위의 권력을 가질 필요가 없으며 그때 꼭 권력이 요구되는 것도 아니다. 권력이나 힘에 의지하지 않고 대화와 설득이라는 합리적인 수단을 통해서 다수집단을 이끌어가는 것이야말로 지도자로서 '지도자 됨' 을 나타내는 것이다.

그렇지만 현실에서 지배자와 지도자가 쉽게 구분되어지는 것은 아니다. 현대사회는 매우 복잡다단한 속성을 가지고 있기 때문에 권력구조 역시 옛날과는 사뭇 다른 양상을 띠고 있는 것이 사실이고 많은 경우에 권력을 가졌지만 폭력적인 방법으로 구성원들을 위압하지 않고 설득을 통해 집단을 이끌어 가는 예도 없지 않기 때문이다.

현실에서 뛰어난 지도자의 리더십을 확인하는 조건으로 보통 다음의 세 가지를 들고 있다.

하나는 그가 목표를 명확하게 제시하고 있는가

둘째는 목적달성을 위한 구체적인 방법론을 제시하고 있는가

셋째는 집단구성원을 손발처럼 움직일 수 있는가 하는 것이다.

이런 조건들을 결정하는 것은 기본적으로 지도자의 자질과 능력이다.

이러한 리더의 능력은 크게 두 가지로 나눌 수 있는 데 흔히 지도자의 능력으로 인식되는 기능적인 능력과 지도자의 인간됨을 보여주는 인덕이란 것이다. 그것은 또 지도자를 구분하는 첫 번째 기준이 되기도 한다. 지도자의 기능적 능력이 중요하다는 것은 더 말할 나위가 없다. 싸움에 나가는 병사들이 승리를 확신하게 되는 것은 오로지 자신이 따르고 있는 장군의 용맹과, 무술 실력이고 또한 지략과 책략일 수밖에 없는 것이다. 지도자의 능력은 실제로 좋은 무기일 수밖에 없다.

우리의 역사 속에서 뛰어난 지도자를 찾아보자.

고구려의 시조 고주몽이 활의 명수였다는 것은 널리 알려져 있는 이야기이다. 고려의 시조 왕건의 조부가 설화 속에서 이무기를 쏘아 죽일 수 있었다는 것도 잘 알려진 이야기이다. 또 조선을 건국한 태조 이성계 또한 누구에게도 뒤지지 않는 뛰어난 명장이었다. 임진왜란 때 나라를 구한 충무공 이순신이 단 열두

척의 배로 수백의 적선을 물리친 사실은 우리 민족의 긍지를 높여 주었을 뿐만 아니라, 그의 뛰어난 전략과 전술은 미국의 육군사관학교인 웨스트포인트에서 학생들에게 가르칠 정도로 세계에서 인정하고 있다. 그는 해상 전투를 위해서 단기전에 유리한 거북선을 만들었을 뿐 아니라 해류의 움직임과 바다의 지세를 전술에 응용하였던 실로 뛰어난 명장이었음에 분명하다. 이순신의 전술은 한때 세계 각국의 해군 사관학교에서 생도들에게 소개되기도 하였다. 그러나 중요한 것은 이순신이 단지 용장이며 지장이라는 데 있지 않다. 아울러 그는 덕장이었다는 사실이 중요하다. 그의 군사들이 그의 명령에 따라 손발처럼 잘 움직여 주었고 따라주었기 때문에 그의 전술은 전투마다 승리를 거두며 빛을 발할 수 있었던 것이다. 실제로 역사에는 이순신이 전쟁 중에도 늘 백성의 안위를 걱정하고 민생의 고통을 덜어주려고 고심한 장군으로 기록되고 있다. 그의 군사들이 주둔한 곳마다 백성들이 모여들고 그가 떠나갈 때 수많은 백성이 함께 따랐다는 것은 과장이 아닌 실제 역사의 기록인 것이다.

어느 면에서 보면 리더의 기능적인 능력이 서양 사람들의 능력평가 기준이었다면 덕은 우리 민족의 인물평가 기준이었다. 서양의 기능주의는 사람이나 업무의 평가에 있어서 언제나 성과를 내세우며 그에 따른 능력 우선의 평가기준을 정당시 하였다.

그러나 한민족의 가치관에서는 일시적 성과라든가 능력보다도 인간적 성숙에 의해 일의 처리가 조화를 이룬다는 관점을 견지하고 있다. 기능적 능력은 대개 그 구분과 차이가 분명히 드러나지만 덕의 구분과 차이는 지극히 분간하기가 어렵다. 하지만 예로부터 우리 민족은 다분히 기능적 지도자보다는 덕을 가진 지도자를 높이 평가해온 게 사실이다.

이 같은 덕의 품성은 우리나라에서는 통치자라면 모두 갖추어야 할 덕목이었던 것이다. 비록 통치자가 아니더라도 덕을 갖추는 것은 사람됨의 근본이었고 지도자의 기본 조건이었다. 만약 아무리 뛰어난 지도자라할지라도 이러한 덕의 품성을 갖추지 못하면 사람이 따르지 않는다. 지도자라면 능력과 함께 덕의 품성을 가질 수 있도록 노력해야 한다.

우리 역사에서 덕을 겸비한 뛰어난 인물로 더욱 주목되어야 할 사람은 요사이 TV드라마에서도 단연 화제가 되고 있는 고려의 시조 왕건을 꼽을 수 있다. 그는 역사의 기록에 의하면 뛰어난 무장이기 보다는 덕을 갖춘 훌륭한 지도자였다. 후백제의 견훤이나 태봉의 궁예에 비해 그는 어찌 보면 인물의 카리스마나 기능적 능력에서는 뒤지는 인물이라고 볼 수 있다. 하지만 덕을 갖춘 훌륭한 지도자였기 때문에 온 백성의 신망을 얻었고 신라의 경순왕은 스스로 나라를 들어 바치기까지 했던 것이다. 이것은 우리 역사에서 기능적 능력이 뛰어난 인물보다는 덕을 더 존중했던 사람이 성공한 좋은 실례로 볼 수 있다.

이렇듯 지도자의 덕을 중요하게 여기던 우리의 전통이 지금은 어떠한가? 지금은 우리나라도 옛날과는 다르게 지도자의 덕성보다는 기능적인 능력이 중요시되고 있다.

　조선왕조의 멸망은 덕을 생활의 중심에 놓고 중요시하던 우리 민족의 사고패턴에 심대한 타격을 주었다. '실사구시', '이용후생'을 들고 나온 실학파 이래로 일제 식민통치 기간과 광복 이후 특히 근대화를 추진하는 과정에서 덕의 품성보다는 지도자의 기능적 능력이 크게 중요시 되었던 게 사실이고 이러한 추이는 성장 제일 주의를 추구하던 한 시대의 요청이기도 했다. 실제로 기능적 능력이 덕을 압도하고 있는 것이 현재의 추세이기도 하다. 때문에 지금은 현실에서 덕을 갖춘 지도자는 별로 각광받지 못 할 뿐 아니라 존재하지도 않으며 오로지 기능적 능력과 전문 지식으로 무장된 지도자들만이 대접받는 시대가 되었다. 간혹 과거의 환상에 따라 덕 있는 지도자에 대한 향수를 토로하는 경우는 있지만 그것은 구시대의 유물로 치부될 뿐 점점 설득력을 잃어가고 있는 상황이다.

　지도자는 구질서에 대한 파괴적 정열을 가지고 창조적인 사고를 가져야하며 대담하게 희생을 두려워하지 않아야 한다. 사소한 인정에 구애됨이 없이 발전의 명분 앞에 모든 것을 합리화 할 수 있어야 한다. 또한 지도자는 관리자로서 질서를 유지하기 위해 세심하게 주의를 기울일 줄도 알아야 한다. 선동가적 소질이나 대단한 인간적 매력은 없더라도 스스로 현실을 지탱할 만한 수성의 능력은 있어야 하는 것이다. 또 때에 따라서는 자기 책임 아래 스스로 상황을 판단하고 결단을 내리는 그런 역할을 하는 사람이 지도자다. 지도자는 조직 내의 계통에 따라 합리적으로 일을 처리하고 책임도 합리적으로 분담할 수 있어야 한다. 때로는 조직을 위해 재빠른 결정을 필요로 하고 때론 책임도 명쾌히 스스로 감당해내야 한다.

그러나 역시 가장 중요한 지도자로서의 조건은 조직 내부의 인화를 중시하고 책임도 분담한다는 다분히 인정적인 한국적인 사고를 갖는 것이다. 이런 부류의 지도자는 오늘날 우리사회에서 흔히 볼 수는 없다.

자 그렇다면 위대한 지도자가 되기 위한 첫 번째 덕목은 무엇일까? 그 첫 번째가 공적정신이다. 동서고금을 불문하고 지도자에게 요구되어지는 것은 개인보다는 전체 이익을 추구하며 멸사봉공의 공인의 윤리를 갖는 것이다.

둘째는, 적극적인 자신감을 갖는 것이다. 결단의 시간을 뒤로 미루지 않고 지금이 바로 그때라는 생각을 가지고 항상 대비해야 한다. 평화는 다음 전쟁의 준비기간이라는 마음가짐인 것이다.

셋째는, 자질과 능력이다. 지도자로서 갖추어야 될 능력은 여러 가지가 있겠지만 통찰력과 결단력, 아랫사람에 대한 관용과 사랑이야말로 가장 중요한 지도자로서의 능력일 것이다.

지도자는 집단과 다수의 운명을 짊어진 사람이다. 이런 사람에게 많은 시대적 요구와 요청이 있는 것은 당연하다. 이러한 요구 아래서 당연히 되새겨 지는 것은 역시 덕이 있는 지도자에 대한 현대인의 갈망이 아닐까? 전통적으로 추구되었던 우리 민족의 덕에 대한 향수야말로 오늘날 이 어지러운 세상의 지도자들에게 요구되어지는 가장 큰 덕목일 지도 모른다.

진정으로 유능한 리더가 되고자 한다면 덕을 쌓는 일을 게을리하면 안 된다. 사람들이여! 진정으로 크게 성공하고 싶다면 리더로서 필요한 자질이 무엇인지 다시 한 번 꼼꼼히 되새겨 보아라.

성공하는 리더에게 실패란 없다, 무엇이든 할 수 있다는 자신감을 가져라

"나는 생각한다, 고로 존재 한다"는 사고하는 인간의 중요성을 강조한 데카르트 식의 방법적 회의이다. 우리는 이러한 사고를 하는 수많은 인간들을 만난 적이 있다. 이러한 사람들은 의논과 평가, 사정과 비평, 판단과 설득, 법과 규칙, 계획과 진행 그리고 자신의 마음을 결정하는 일 따위에 거의 대부분의 시간을 소비한다. 그리고 그들의 마음이 일단 결정되면 그것으로 끝이다. 이것만으로는 사실 아무 것도 변화시킬 수가 없다. 이런 사람들은 인간의 사고를 바꾸어 놓는 일에 가장 많은 정력을 들인다. 그러나 당사자들이야말로 자신들의 사고를 바꾸어야 할 사람들인지도 모른다.

이러한 사람들에게 나는 이렇게 말해 주고 싶다. "마음은 낙하산과 같다." 마음은 활짝 열렸을 때 가장 잘 활용될 수 있다. 이러한 말에 의미 없는 개똥철학이라고 사람들은 항의할지도 모른다.

미국의 철학자 헨리 제임스의 다음 말을 기억하라.

"다락방의 창문을 항상 열어두어라."

마음을 열어두라는 말은 모든 가치에 대한 가능성을 인정하라는 말이다. 리더는 편견과 선입견에 치우쳐서는 안 되고 항상 공명정대하게 객관적인 마음으로 상황에 접근해야 한다. 주관이 지나쳐서 스스로 흥분을 한다면 결정적인 순간에 일을 그르치게 된다. 격앙되고 흥분된 감정은 때론 자제심을 잃게 하고, 공포심을 유발하기도 하며, 죄책감에 빠져들게도 하고 쉽게 실망하게 해서 추진하던 일을 포기하게 만들기도 한다. 실패하는 사람은 자신의 그런 감정 때문에 문제의 핵심을 파고들지 못하고 문제의 가장자리를 맴돌게 되는 것이다. 사람은 자신의 감정을 잘 다스려서 유익하게 사용함으로써 자신을 강하게 만들 수 있다. 남에게 자주 화를 내는 사람의 경우는 자신의 감정을 자제하는 훈련이 필요할 것이다. 무슨 일이든지 노력을 하지 않고서는 자신이 원하는 바를 이룰 수 없게 된다. 일이 자신의 생각대로 잘 풀리지 않는다고 버럭 화를 내는 것은 일을 올바르게 해결하려고 한다기보다는 스스로를 짜증나게 할 뿐이다.

이렇게 해 보아라. 운동장을 한두 바퀴 달려보아라. 아니면 줄넘기는 어떤가? 요즘 유행하는 테크노 음악을 크게 틀어놓고 신나게 춤을 추어도 좋다. 이런 당신의 행동을 보고 동료나 부하직원들은 당신이 미쳤다고 생각할 지도 모른다. 그렇지만 당신이 소리치며 흔들고 노래하는 사이에 분위기는 달라지고 당신의 기분은 문제의 해결을 가장 잘 할 수 있는 최고조의 상태로 이르게 된다.

진정한 리더십은 자신의 감정을 잘 다스리고 자신이나 남을 위해서 좋게 사용하는 법을 터득해야 하며 그것은 곧 자신에게 대단한 성취감을 안겨주게 될 것이다. 리더의 출발은 마음의 문을 여는 데서부터 비롯된다. 무엇이든 할 수 있다는 강한 자신감을 가져라 자신감이야말로 당신을 최고의 리더로 만들어줄 것이다.

타인을 인정하라

수년 전에 자수성가한 수백 명의 사업가들에 대한 특징을 어떤 사회학자가 연구한 적이 있다. 나이는 20~70세까지로 다양했다고 한다. 그들은 학력에서도 초등학교 중퇴생으로부터 철학박사에 이르기까지 다양했다. 또 그들은 여러 가지 소질과 특징들을 가지고 있었다. 그런 특징에도 불구하고 그들은 모두 한가지의 공통점을 가지고 있었는 데 모두 타인의 장점을 인정하려고 노력하려는 사람들이었다는 것이다.

　인생은 메아리와 같은 것이다. 다시 말하면 타인과의 관계는 메아리와 같은 것이다. 우리의 옛 속담에는 '심는 대로 거둔다'는 말이 있다. 당신에게 보여지는 타인의 모습 즉 장점과 단점이 당신 안에도 존재하고 있다. 당신이 무엇을 하는 누구이든 어디에 사는 사람이든 간에 타인의 모습을 볼 때마다 그의 장점과 능력을 그대로 인정하라. 그러면 그는 더 훌륭한 사람이 되어 자신의 능력을 발휘하게 될 것이다. 타인의 능력을 최고로 끌어올릴 수 있는 사람이야말로 가장 훌륭한 리더의 자격이 있는 사람이다. 단점 발견자가 아니라 장점 발견자가 되라.

　내가 알고 있는 사람 중에 보험업에 종사하고 있는 친구가 한 사람 있는데 그는 명문대 출신으로서 매우 지적이고 실천적인 사람이다. 그는 나와 절친한 사이인데 얼마 전 그는 나에게 자신의 독특한 사업 중의 하나를 보여주기를 원했다. 그는 전국에 산재해 있는 운수업자들에게 새로운 조건과 기준으로 보험에 가입시키려는 사업을 추진 중이었고 나는 그와 함께 이러한 운수업체들을 몇군 데 방문한 적이 있다.

　경기도에 있는 모 운수업체를 방문했을 때의 일이다. 그곳에서 근무하는 운전기사들을 만났는데 그는 웃으며 이렇게 말했다. "좋은 직장에 근무하시는군요" 그러자 기사들은 대부분 환하게 웃으면서 대답했다. "고맙습니다. 저희는 좋은 회사를 만

들기 위해서 노력하고 있습니다." 그는 그들을 가치 있는 사람
이라고 보았던 것이다. 그는 그들에게 자신의 마음 속에서 우러
나오는 진심을 이야기했고 이것이 그들에게 그들의 직장과 그들
의 회사를 위해서 최선을 다할 수 있는 열성을 안겨주게 된 것이
다. 나는 그들이 능률적이고 효과적으로 일할 것이라는 것을 확
신할 수 있었다. 그리고 이러한 칭찬을 해준 그 친구가 다시 보
였던 것은 두 말할 나위 없다.

　타인에게 좋은 것을 주고 칭찬을 아끼지 않는 사람에게는 그
만큼 자신에게 이익이 돌아온 다는 것을 깨달아야 한다.

　젊은 시절에 나는 세일즈맨 생활을 하면서 어떤 이야기를 읽
고 칭찬의 마력에 대해 깊은 인상을 받은 적이 있다. 다섯 살 때
부터 노래를 부르기 시작한 한 소녀가 있었다. 그녀는 목소리뿐
아니라 생김새도 매우 아름다웠다. 전망이 밝았던 것이다. 나이
가 들면서 그녀는 학교, 교회, 그리고 사회단체에서 노래를 불렀
다. 그녀는 사람들의 칭찬을 많이 받았다. 그녀의 부모는 전문적
으로 그녀에게 음악공부를 시켜야한다는 필요성을 느끼고 그녀
를 유명한 음악 선생님에게로 보내게 되었다. 그 음악 선생도 그
녀의 재능과 아름다운 목소리를 인정하였다. 음악 선생은 항상
최고를 요구하는 완벽주의자였다. 그녀가 노래를 하다가 잘못을
범하면 일일이 지적하면서 야단치기를 서슴지 않았다. 세월이
흐른 후 그녀는 자기의 선생을 사랑하게 되었다. 그녀는 나이 차

이에도 불구하고, 또 그 선생이 자신에게 칭찬보다는 비판과 질책을 더 많이 했음에도 불구하고, 그에게 사랑을 느꼈던 것이다. 그 음악 선생도 그녀에게 애정을 갖게 되었고 마침내 그들은 결혼하게 되었다.

결혼 후 그는 그녀를 계속 가르쳤다. 그러나 그녀는 날이 가면 갈수록 노래를 부를 기회가 줄어들었다. 그녀의 노래를 듣기 위해서 초청하는 사람들이 점점 줄어들고 있었던 것이다. 이러한 사실에 실망한 그녀는 음악연습을 게을리하게 되었고 그녀는 음악을 중지해야만 할 지경에 이르고 말았다. 그러던 어느 날 그녀의 선생인 남편은 병으로 사망하고 말았다. 그가 사망한 후 그녀는 거의 노래를 부르지 않게 되었다. 사실 그녀는 자기의 재능을 계속 계발시키지 않고 매장시켜 두었던 것이다. 그런데 어느 날 갑자기 한 의사가 그녀에게 청혼하면서부터 상황은 변하기 시작했다 어쩌다가 그녀가 노래를 부르면 그는 그녀의 음성이 아름다운 것을 알고 이런 칭찬의 말을 했던 것이다. "여보, 노래를 좀더 불러 봐요. 당신은 세상에서 가장 아름다운 음성을 가지고 있는 성악가임에 틀림없소." 그의 말을 듣고 그녀는 힘을 얻어 노래를 계속하게 되었고 이후 여러 곳에서 노래를 불러 달라고 신청이 들어왔다. 그녀는 자신의 재능을 알아보고 인정해준 한 의사와 결혼한 후 인생을 다시 살게 된 것이다.

그는 그녀에게 정직하고, 성실하고, 진실한 칭찬을 했던 것이다. 거짓 칭찬은 금물이라는 사실을 잊어서는 안 된다.

다음과 같은 이야기도 있다.

뉴욕에 사는 어느 사업가가 연필을 파는 어느 거지의 컵 속에 1달러를 넣어 주고는 바로 지하철을 타러 가다가 다시 돌아와 연필을 파는 거지에게로 가서 컵 속에 꽂힌 연필 중 자기가 넣은 돈만큼에 해당되는 몇 자루의 연필을 꺼냈다. 그런 다음 그는 이렇게 말했다.

"사실 당신은 나와 같은 사업가입니다. 당신은 상품을 정당한 가격에 팔고 있기 때문입니다." 그 다음 그는 지하철을 타고 자기의 목적지를 향해서 갔던 것이다.

몇 개월 후 외모가 단정한 어떤 세일즈맨이 그 사업가를 찾아와 이렇게 자기소개를 했다. "당신은 아마 나를 기억하지 못할 것입니다. 그리고 나 또한 당신의 이름도 모릅니다. 그러나 나는 당신의 은혜를 잊을 수가 없습니다. 당신은 나에게 자존심을 다시 갖도록 용기를 준 나의 은인입니다. 나는 연필을 팔던 거지였는데 당신이 나를 보고 당신은 사업가라는 말을 했기 때문에 나는 새사람이 되었습니다."

어느 현자는 이렇게 말했다. "많은 사람들은 타인의 격려 때문에 성공하게 된다." 당신은 타인을 어떻게 보는가? 우리가 어떤 사람에게 해 줄 수 있는 가장 위대한 선행은 우리의 재산을 그들에게 나누어주는 것이 아니라, 그들이 어떤 재산을 가지고 있는가를 깨우쳐 주는 것이다. 사실 인간 안에는 재능과 능력이 무한하다. 성공과 행복의 첫 단계는 당신 자신의 잠재력을 아는 것이고, 두 번째 단계는 타인의 잠재 능력을 아는 것이다. 우리가 우리 자신의 능력을 인정한다면 타인의 능력도 인정하기는 쉽다. 그리고 일단 우리가 타인의 능력을 인정한다면 우리가 타인에게 그것을 발견하도록 도와 줄 수가 있다.

D사의 이 사장은 현재 업계에서 최고로 손꼽히는 영업자이면서 경영자이다. 그러한 그도 평탄한 길만을 걷지는 않았다. 사실 이 사장은 세일즈맨으로서 다양한 상품을 팔아 본 경험이 있다. 그는 현재 경영 세일즈를 하고 있다. 그런데 우리는 여기서 한 가지 분명한 사실을 알아야 한다. 그는 고객들을 만날 때 자신의 상품을 먼저 팔지는 않는다. 우선 그는 고객들에게 그들의 잠재력이 무엇인가를 지적해 준다.

그는 사회에 첫발을 디딘 후 처음 몇 년 동안은 많은 시행착오를 겪었다. 의욕만을 앞세우고 시작했던 사업이 실패하여 한 때 도피생활을 한 적도 있었고 할 일 없이 거리를 배회하면서 방황을 한 적도 있다. 그러나 그는 절치부심하여 재기에 성공할 수 있었고 이후 그는 성공적으로 사업을 이끌게 되었다. 그는 영업을 하면서 빚도 갚았고, 상도 탔고, 돈도 어느 정도 모았다. 그리고 지역사회에서 존경받는 인물도 될 수 있었다. 어느 날 그는 마침내 자신의 회사를 설립했는데 그 후 놀라운 일들이 일어나기 시작했다. 신입 사원들이 그의 회사에 들어오면 이 사장은 각 신입 사원과 인터뷰를 했다. 그리고 회사에 대한 설명을 해주었다. 간단한 것이었다. 그는 신입 사원들에게 인품이나 혹은 과거 경력에 대해서는 상관하지 않겠다고 설명해 주었다. 그 다음 그는 신입사원들에게 인간은 누구나 성공할 수 있는 각각의 재능을 가졌다는 사실을 가르쳐 주었다. 어떤 세일즈맨에게는 자신이 고객을 선정하고 혹은 가가호호 방문판매에 대한 재능을 가지고 있다는것을 깨닫게 해서 그 일만을 하도록 했고 어떤 사람은 고객을 모집하고 상품 설명을 하는 일에, 또 어떤 사람에게는 판매 종결을 하고, 판매 조직을 하고, 합리적으로 일하는 등등의 재능을 가지고 있다는 것을 깨우쳐 주었던 것이다. 그러므로 직원 각자가 해야 될 임무는 자기의 재능을 발견하고 그것을 계발시키는 것 뿐이었다.

사람마다 나이, 학력, 지역, 가치관 혹은 성별의 차이가 있음에도 불구하고 이 방법은 효과가 있었다. 이 사장의 회사가 번영을 거듭하는 것을 보면 이 사장의 사람을 다루는 재능과 능력이 범상치 않음을 알 수 있다. 그가 사장으로서 매우 독특한 방식의 리더십을 가지고 있다는 것을 분명히 알 수가 있는 것이다. 그의 회사에 근무하는 두 명의 톱 세일즈맨은 이 사장의 독특한 테크닉 때문에 성공한 대표적인 사람들이다. 그 중 한 사람은 몸이 불편한 사람이고 나머지 한 사람은 중학교 2학년을 중퇴한 사람이다. 그들은 둘 다 현재 년 간 1억원이 넘는 높은 수입을 올리고 있다. 한마디로 말해서 타인의 잠재된 능력을 키워낼 수 있는 능력이야말로 진정으로 유능한 리더의 능력이라고 말할 수 있지 않을까?

이 사장은 인간적인 감정, 또 건전한 이상과 상식을 가진 사람이다. 그 또한 사업을 해오면서 상처를 입은 적도 있고, 회의를 느낀 적도 있으며, 사업에 실패한 적도 있었다. 그러므로 그는 그의 회사에 근무하는 사원들의 심정을 잘 이해할 수 있었던 것이다. 그는 실제 이론과 자신의 경험을 바탕으로 자신만의 독특한 인재양성 프로그램을 개발한 것이다. 이 방법은 놀랍게도 신입 세일즈맨들이 즉시 돈을 벌어 집으로 가져갈 수 있게 만들어 주었다. 놀라운 사실은, 타인의 재능을 발견하고 계발하도록 도와주면 자신의 재능도 더욱 발전한다는 것이다. 한마디로 말해서 그것은 웃음과 같은 것이다. 많은 웃음을 남에게 주면 줄수록 당신은 그 만큼 더 즐거움을 얻게 된다. 이 사장이 이러한 자신의 생각을 실천으로 옮긴 결과 사업에서 큰 성공을 거둘 수 있었던 것이다.

현재 그의 사업은 불경기임에도 불구하고 3년 동안 꾸준히 성장하고 있으며 이 사장은 또 다른 사업을 추진하기 위한 계획을 세우고 있다. 그는 한 달에 수천 개의 상품을 팔 수가 있었다. 그의 새 목표는 한 달에 10,000개 이상의 상품을 파는 것이다. 당신이 의심할지는 모르지만, 이 사장의 성공은 그의 직원들이 성공하도록 도와준 것이나 마찬가지이다. 그의 직원들은 자신들을 위해서 열심히 영업을 하였고 그 결과 그의 회사가 발전하게 된 것이다. 분명히 이렇게 그가 성공을 이룰 수 있었던 것은 많은 요인들의 결과이다. 자세, 목표 설정, 일, 욕망 등등이다. 그렇지만 두 가지 사실은 분명하다.

첫째는 이 사장의 회사에 근무하는 사원들이 급성장하게 된 것은 이사장이 직원들의 장점만을 간파하고 그들의 능력을 인정해 주었기 때문이다.

둘째는 그는 하나의 목표가 달성되면 더 큰 목표를 이루기 위해서 노력했다는 것이다. 이 사장의 이야기를 통해서 우리는 이것을 입증할 수가 있다.

만약 당신이 진정으로 성공적인 기업의 리더가 되고 싶다면 타인의 장점만을 보고 그를 인정해줄 수 있어야한다 .만일 당신이 타인의 소원을 성취하도록 도와준다면 당신의 소원도 성취될 것이다.

베풀 줄 아는 아름다운
리더가 되라

　　　　　　미국 독립전쟁 당시 명성이 높았던 존
앤더슨 소령은 몇 개의 도서관을 소유하고 있었다. 그는 자신의
도서관을 배우고자 하는 열의를 가진 젊은이들에게 무료로 개방
한 선량한 사람이었다. 앤더슨 소령의 도서관에는 매주 토요일
아침마다 찾아와서 공부를 하는 젊은이가 한 사람 있었다. 그 젊
은이는 스코틀랜드 출신의 고학생이었는데 그는 앤더슨 소령의

호의에 대해서 매우 고맙게 생각했다. 그는 그 도서관에서 많은 것을 배우고 익힐 수 있었는데 그는 다름 아닌 훗날 세계 경제를 이끌 정도로 크게 성공한 철강 왕 앤드류 카네기였다. 그는 미국에서뿐 아니라 세계적으로 유명한 기업인으로 성장하였다. 그는 뛰어난 사업 수완으로 자신의 사업을 크게 발전시키기도 했지만 또 그는 살아생전에 자신과 같은 수많은 백만장자들을 배출시키기도 했다. 카네기는 과거 자신처럼 가난한 젊은 사람들이 공부할 수 있도록 미국 전역에 많은 도서관을 설립했다. 수많은 사람들이 그의 배려 때문에 많은 혜택을 받은 것은 물론이다.

당신이 타인의 가능성을 발견하고 그 능력을 계발하도록 도와준다는 것은 실로 놀라운 공헌이다. 여기서 우리는 다음과 같은 평범한 진리를 알 수가 있다.

"주면 줄수록 우리는 더 많은 것을 얻을 수 있다."

우리나라에서 성공 신화의 주인공으로 유명한 이명박 씨의 경우가 이러한 사실을 잘 말해 주고 있다.

그는 40대에 우리나라 굴지의 대기업인 H사의 사장이 되었다. 그는 말단사원으로부터 출발하여 사장의 자리에 오른 입지전적 인물로서 순전히 자신의 노력과 열정만으로 젊은 나이에 명성과 재산을 얻을 수 있게 된 것이다. 그는 훗날 정치에 입문한 후에도 국회의원으로서 뛰어난 능력을 발휘하였고, 이런 그의 능력은 그가 사업을 하던 시절 불붙었던 '이명박 신드롬'을 재확인 시켜주기도 하였다. 재미있는 사실은 이명박 씨가 타인의 잠재력을 발견하고 그것을 계발하도록 설득시키는 데 명수였다는 것이다. 그는 자신의 부하직원들의 장점을 최대한 살릴 수 있도록 배려하였고 그들의 도움을 받아서 '승승장구' '연전연승' 할 수 있었던 것이다. 때때로 우리는 이러한 신념과 철학을 실천하려면 기쁨보다 슬픔을 당할 때가 많다. 한때 세계 신기록을 밥 먹듯이 갈아 치웠던 미국의 육상선수 칼 루이스의 경우를 살펴보자. 그는 100미터 단거리 경주에서 기록을 단축하는 데 혁혁한 공훈을 세운 사람이다. 사실 루이스와 그의 절친한 동료였던 존 그린이란 선수는 달리기 실력에는 별 차이가 없었다. 그러나 결국 옆에서 그를 격려하고 할 수 있다는 자신감을 불어넣어준 존 그린이 있음으로 해서 칼 루이스는 100미터 경주에서 세계 신기록을 작성할 수 있었던 것이다. 여기서 우리가 분명히 알아야 할 것은 타인을 위해서 베풀 줄 아는 사람이 진정한 리더의 모습이라는 것이다.

잘 알려지지 않은 평범한 대학교수의 아내는 청각이 몹시 나빴다. 그 교수의 꿈은 아내를 위해서 완벽한 보청기를 만드는 것이었다. 그는 시간과 돈을 투자하여 그의 꿈을 실현시키려고 노력했다. 역사의 기록에서 우리는 그가 꿈을 실현시키지 못했다는 것을 알 수 있다. 그러나 그가 실패자라고 말할 수도 없다. 알렉산더 벨은 한 가지 목표는 달성하지 못했지만 보청기를 만들려고 노력하다가 생긴 부산물로서 수많은 사람들이 그의 혜택을 입게 되었다.

아내의 귀를 열어주기 위해 보청기를 만들다가 결국 그는 전화의 발명가가 되었던 것이다. 한마디로 말해서 그는 자기 아내를 도우려고 연구에 몰두하였다가 보청기를 만드는 데는 실패했지만 그 대신 그는 전화라는 획기적인 문명의 이기를 발명하여 수많은 사람들에게 도움을 주게 되었다.

나의 경우를 보자! 소아당뇨 때문에 고생을 하고 있는 여식 때문에 인간의 질병에 많은 관심을 갖게 되었고 그것을 극복하기 위하여 많은 시간과 돈을 투자하며 노력하게 되었다. 덕분에 당뇨 뿐 아니라 여러 질병의 예방과 치료에 탁월한 효과를 보이고 있는 메디칸을 개발하여 전국의 많은 지점을 통해 환자와 지역주민들에게 보급할 수 있게 되었다. 이러한 결실은 사랑과 봉사의 문화를 실천한다는 사업목적을 가지고 수많은 사람들의 건강을 증진시키고 삶의 질을 향상시키기 위한, 궁극적으로 개인의 행복을 찾아주기 위하여 나름대로 노력해 온 결과가 아닌가 생각된다.

독일의 발명가 빌헬름 라이스는 오래 전에 유선상으로 소리를 전달하는 기구를 완성했다. 사실, 만약 라이스가 조금만 더 노력했더라면 벨보다 먼저 전화를 만들어냈을 지도 모른다. 그러나 우리가 알다시피 결국 전화를 완성한 사람은 알렉산더 그래함 벨이다.

타인에게 베푸는 만큼 결국 자신에게 돌아온다는 평범한 진리를 기억해두기 바란다.

모든 가능성에 대해서
가슴을 열어라

    소크라테스의 말처럼 수용은 '개인의 성장을 위한 가장 중요한 도구'라고 말할 수 있다. 수용은 사물을 단지 있는 그대로 보고 "그건 당연히 그런 거야"하고 순응하는 것을 의미한다.

    수용은 승인도 아니며, 만족이나 허가, 권한 부여, 재가, 동의, 협력, 순종, 동정, 보증, 확인, 지원, 비준, 주장, 옹호, 증명, 보강, 교화, 부추김, 교사, 좋아함, 그 어느 것도 아니다.

수용이란 것은 단지, "그건 그렇다. 그런 것은 역시 그렇다."
고 말하는 것이다. 독일의 철학자 비트겐슈타인은 "장미는 장미
이며 장미일 뿐이다."라고 수용의 미학을 이야기 한 적이 있고
미국의 사회학자 존 듀이는 "나는 나다."라고 하여 모든 상황에
대한 가능성을 수용하라는 뜻을 전하고 있다. 그들은 모두 수용
의 깊은 뜻을 이야기하고 있는 것이다.

만일 조직사회에서 사람들이 모든 것을 진실되게 수용할 수가
없다면, 마찬가지로 그 어느 것도 분명하게 볼 수가 없는 것이
다. 인간은 언제나 강압과 의무와 선입관이라는 편견을 가지고
사물을 보는 데 익숙해져 있다.

현실이 인간의 이상이나 신념 그 자체와 부딪치면, 언제나 현
실이 승리를 거두게 마련이다. 기본적으로 사람이라면 그런 상
황을 좋아하지 않는다 (그것이 우리가 현실을 쉽게 생각하지 못하
는 이유이기도 하다) 그래서 우리들은 현실을 상대로 싸우거나,
화를 내거나, 혹은 외면하고 모르는 체 해버린다. 만약 당신이
어떤 일에 대해서 화가 나거나 외면하고 싶을 때에는 이렇게 자
신에게 물어 보라. "나의 어느 부분이 이것을 받아들이지 않으
려고 하는가?"

수용은 결코 수동적이거나, 나태한 상태를 가리키는 말이 아
니다. 우리는 당신이 세상을 변화시키고, 악의 자리에 선을 가져
다 놓는 일을 할 수 없다고 말하고 있는 것이 아니다. 사실 수용

이란 것은 성공적인 행동으로 나아가기 위한 첫걸음인 것이다.

당신이 사물을 있는 그대로 볼 수가 없다면, 당신은 그것을 변화시킬 수가 없다. 뿐만 아니라, 있는 그대로의 상황을 수용할 수 없다면, 변화가 필요한지 조차도 알 수가 없을 것이다.

일단 수용하고 나면, 당신은 긴장을 풀고 사물을 정확히 바라볼 수 있으며 인내심을 가질 수 있게도 된다. 그렇게 되면 그 일에 참여하든, 떠나든, 일단은 즐거운 기분이 되는 것이다. 남아서 투쟁할 것이냐 (재미로 하는 일까지를 포함해서, 즐거운 시간을 위해서 우리는 때로는 얼마나 힘든 일도 마다하지 않고 하는가), 아니면 질겁하고 도망을 칠 것이냐? 그러나 겁을 집어먹는 것은 일생을 완성시키는 데 결코 좋은 방법이 될 수 없다. 그것은 수용을 하지 못함으로써 생기는 필연적인 결과를 초래할 뿐인 것이다.

잠시 시간을 가지고 당신이 행복하지 못한 상황에 대해서 좀 생각해보라. 그렇다고 해서 당신 인생에 있어서의 커다란 짐이 되고 있는 것을 논하자는 것은 아니고, 당신을 가끔 짜증나게 만드는 단순한 일들을 생각해 보자는 것이다. 자, 이제 그 상황에 대한 모든 것을 수용하라. 상황을 있는 그대로 보라, 왜냐하면, 어차피 그 상황은 어쩔 수 없는 것이기 때문이다. 그렇지 않은가? 당신이 그것을 일단 수용하고 나면 당신의 기분은 한결 가벼워지는 법이다.

그 모든 것을 수용하고 나서도 당신은 여전히 그것을 좋아하지 않을 수도 있다. 그렇지만 그것을 증오하거나 두려워하지는 않게 될 것이다. 최악의 경우라도, 그것을 증오하거나 두려워하는 것이 조금은 덜 하게 될 것이다.

그것이 수용의 참다운 가치이다. 당신은 자신의 인생에 대해서 그리고 당신 자신에 대해서 더 나은 감정을 느낄 수가 있게 될 것이다. 우리가 말한 수용에 대한 모든 것은, 이제까지 당신이 해 온 모든 것에도 적용된다. 사실, 우리가 얘기한 수용의 의미는 특히 당신 자신을 판단하는 데에 적용되는 것이다.

당신이 하지 말았어야만 했던 모든 일들과, 당신이 반드시 했어야만 했었던 모든 일들을, 이제 당신은 그대로 수용하라. 당신은 어차피 해버렸고, 또 어차피 못해 버렸다. 그것이 현실인 것이다. 그것은 이미 일어나 버린 일이다. 과거를 되돌려 놓을 수는 없다. 지나간 과거를 붙잡고 몸부림쳐봤자. 그런 일은 일어나지 않았다고 아무리 부인해 보았자 아무 소용이 없다. 현실을 인정할 수밖에 없다. 그러므로 수용하라고 우리는 제안한다. 죄책감과 무관심과 공포의 인생이라는 것은, 아무래도 재미가 있을 리가 없다.

성 바울과 같은 이도 이렇게 말하고 있다. "해야 할 일은 하지 못했고, 하지 말아야 할 일은 무수히 했다." 그러나 그는 자신이 무엇을 해야 하는지는 알고 있는 사람이었다. 당신이 하지 말아야 할 것 을 하고 있거나 해야만 할 것을 하지는 않고 있는 것을 발견했을 때에는 그것을 그대로 수용하라. 성 바울까지도 그러

했던 것이라면, 나로서도 당연한 것이다. 라고 생각하라

이제 그러한 단계까지 왔다면, 당신의 미래에도 있을 이 세상의 '해야만 할 것'에 대해서도 '하지 못함'을 수용할 수 있을 것이다. 당신은 틀림없이 '하지 못할' 일이 생길 테니까. 우리가 구태여 그것을 보증할 필요는 없을 것이다. 우리는 인간이란 으레 그런 것이라고 수용하는 것이다. 당신이 그 위대함과 어리석음의 특징을 이어받은 인간이라는 사실을 이제라도 수용한다면.

당신이 아직도 '수용 불가'의 상태에 있다면, 깨달음을 얻기란 어렵다. 주먹을 쥔 손으로는 선물을 받기 어려운 것처럼, 수용할 수 없는 현실에 사로잡힌 정신은 쉽사리 배움을 얻을 수 없는 것이다.

긴장을 풀라. 그리고 이미 일어난 일을 수용하라, 그것이 당신 자신에 의해서 일어난 일이든, 타인에 의하여 당신에게 일어난 일이든 그대로 수용하라. 그리고 그 속에서 깨달음을 찾아라, 그 모든 것에서 즐거움을 찾을 수는 없겠지만, 그 속 어디에나 '교훈이 숨어 있다'는 사실을 발견하는 기쁨은 있을 것이다. 리더십은 결코 타고나는 것이 아니라 노력에 의해서 길러지는 것이라는 것을 깨달아야 한다. 세상의 모든 가능성에 대한 마음의 문을 활짝 열고 그들을 받아들이도록 하라.

2

무엇이 최고의
리더를 만드는가?
최고 경영자가
되기 위한 리더의 조건

리더는 능력으로 말한다,
만지만능의 능력을 쌓아라

정상으로 가는 길목은 몹시도 험난하다. 그럼에도 불구하고 대부분의 사람들은 인생의 목표를 정상의 정복에 두고 있다.

비즈니스맨에게 정상의 의미는 '사장'이 되는 것. 신입사원으로 입사하여 대리, 과장, 차장, 부장, 이사, 상무, 전무, 부사장, 사장으로 이르는 수많은 고지를 넘고 넘어 정상의 사장을 향해

돌진한다.

그러나 마지막 고지인 사장에 이르는 사람은 극소수에 지나지 않는다. 열과 성을 다해서 새벽부터 밤중까지 휴일과 휴가조차 잊은 채 전력투구를 한다 하더라도 성공하는 사람보다 실패하는 사람이 훨씬 더 많다.

승진은 비즈니스맨의 인생에 가장 중요한 몫을 차지하고 있다. 외국의 기업은 직위에 관계없이 업무성과에 따라 급여를 지급하지만 한국의 기업은 직위에 따라 급여와 대우를 엄격히 구분하고 있다. 비즈니스맨은 회사에 바친 땀의 대가로 승진을 하고 이에 상응하는 대접을 받게 된다. 따라서 승진은 비즈니스맨에게 있어서 알파이며 오메가이다.

한국의 기업은 현재 오너경영체제에서 전문경영인체제로 이행하는 과도기를 맞고 있다. 한국의 기업들도 경제발전에 따라 기업의 규모가 커지고 사업영역도 더욱 넓어짐에 따라 오너 혼자의 힘으로는 회사경영을 책임질 수 없기 때문이다. 따라서 전문경영인의 숫자는 더욱 늘어나고 있고, 제2 제3의 이명박, 이익치를 꿈꾸는 비즈니스맨들의 웅지가 실현될 가능성도 더욱 높아지고 있다.

그러나 기업의 최고봉인 최고경영자의 자리에 오르는 길목은 몹시 험난하다. 대기업의 경우 한 해에 천 명 이상의 신입사원을 뽑지만(물론 경제여건이 좋을 때) 최고경영자의 마지막 고지를 점령하는 사람은 불과 몇 명 안팎일 수밖에 없다. 최근 서점 가에는 기업인의 리더십에 관한 책이 많이 나오고 있다. 한때는 오너들의 창업비화가 주류를 이루었으나 요즈음은 전문경영인에 대한 이야기도 많이 소개되고 있다. 이들의 입신양명과 그 비결이 비즈니스맨들의 관심을 모을 수 있기 때문이다.

　과연 한국사회에서 기업인으로서의 성공의 조건은 무엇일까? 몇 년 전 모 리서치기관에서 50개 그룹의 임원을 대상으로 조사를 한 적이 있다. 대기업의 임원들이 생각하는 성공의 조건으로 1. 업무처리능력 2. 자신감 3. 책임감 4. 지도력 등의 순서로 응답자의 80%이상이 대답을 했다고 한다. 이 조사의 결과를 놓고 보면 업무 처리능력이 예상외로 성공의 핵심조건으로 뽑혔고 반면 자신감, 책임감, 지도력은 그에 미치지 못하는 것으로 나타났다. 이러한 결과로 볼 때 열의와 자신감과 책임감을 가진, 그리고 능력 있는 리더가 성공할 가능성이 높게 나타나고 있다. 한국적인 기업풍토에서는 재능도 중요하지만 아랫사람을 감화시킬 수 있는 덕망도 이에 못지않게 중요하다는 점을 강조해 두고 싶다. 만일 당신이 최고경영자를 꿈꾸고 있다면

　만사 제처 두고 자신의 가치를 높이고 경쟁력을 강화할 수 있는 구체적인 방법을 찾고 실천해야만 한다. 옛말에 '진인사 대천명' 이라는 말이 있다. 자신이 할 수 있는 최선을 다한 후에 결과를 기다리는 의연한 모습이야말로 가장 아름다운 리더의 모습이다.

리더로서의 진정한
모습을 가져라

얼굴은 그 사람의 간판이다. 남에게 호감을 주는 인상이 있는가 하면 반대로 혐오감을 주는 얼굴도 없지는 않다. 인상이 밝으면 그 사람의 모든 점이 긍정적으로 보이기도 하고 어두운 인상의 얼굴을 보면 왠지 가슴이 답답하고 뭔가 불길한 느낌을 받기도 한다. 기업을 경영하는 최고경영자의 얼굴은 어떤 모습이어야 하는가.

'十八史略의 人物學'으로 유명한 이토 교수는 인상으로 보는 지도자의 조건을 다음과 같이 이야기 하고 있다.

"중국 사람들은 사람을 보고 평가하는 기준의 첫 번째로 인상을 꼽는다."

인상을 보고 사람을 평가하는 것이 과연 합리적인 방법인가? 라고 항변하는 사람들도 있지만 피부과 의사들에 의하면 얼굴 피부는 몸전체 신경의 과민점으로 덮여 있다고 한다. 그렇기 때문에 사람들의 얼굴을 보면 그 안면피부를 통해 건강상태나 정신상태를 현미경으로 들여다 보듯 자세히 볼 수 있다고 한다.

흔히 하는 말로 '모든 것이 당신 얼굴에 쓰여 있다'는 이야기가 있다. 이런 의미에서 본다면 얼굴은 어느 정도 거죽을 뜯어고 치더라도 본래 자신의 모습이 있게 마련이며 뜯어고친 흔적이 남게 되는 것이다.

당신의 얼굴에 쓰여 있다.

미국에도 유명한 이야기가 있다. 링컨이 대통령이 되었을 때 한 친구가 전략참모를 한 사람 쓰도록 추천했다. 그러나 링컨은 그를 도무지 받아들이려하지 않았다. 답답해진 친구가 "저런 정도의 사람을 왜 당신의 측근으로 기용하지 않는가"라고 따지자 링컨은 다음과 같이 대답했다.

"사실은 그 남자의 얼굴이 마음에 들지 않기 때문이야." 화가 난 그 친구가 "대통령 정도 되는 사람이 하찮게도 사람의 생김 새로 인물을 평가하는 것은 난센스가 아닌가, 생김새와 재능과 는 아무런 관계도 없다고 생각되는데."라며 대들자, 링컨은 한 마디로 잘라 이렇게 말했다.

"남자는 40세가 넘으면 자기의 얼굴에 책임을 지지 않으면 안 된다."

40세가 넘으면 사람의 얼굴은 부모의 책임을 떠나 자기 스스 로의 책임이 된다는 것이다. 틀림없이 40세쯤 되면 의사는 의사 다운 얼굴의 틀이 잡히고 학자는 학자다운, 상인은 상인다운 직 업에 관련된 자신의 얼굴이 후천적으로 다듬어진다.

인상을 보는 방법은 형상, 색상, 신상으로 나눌 수 있다. 그러 나 궁극적으로 봐야 하는 점은 그 사람의 얼굴이 복상인가 아니 면 흉상인가를 판단하는 것이다.

또 복상 중의 복상을 '복인길사'라는 말로 표현한다. 여기엔 다섯 가지 조건이 있다.

곡미, 풍협, 대이, 편체, 청성을 모두 구비해야 한다.

곡미란 버들잎처럼 온화하고 둥근 눈썹을 일컫는 말이고

풍협이란 느긋한 느낌을 주는 살이 통통한 뺨을 가리키는 말 이다.

대이는 귀가 큰 것을 가리키는 말인데

중국에서는 노자와 유현덕의 귀가 제일 컸던 걸로 전해지고 있다.

편체는 말채찍처럼 날씬하고 부드러운 몸, 그리고 청성은 목소리가 맑게 울려야 하되 상대편 가슴에 울려퍼지는 낭낭한 소리여야 한다는 것이다.

바로 이 다섯 가지를 모두 갖추면 복상 중의 복상으로 친다.

기업의 최고경영자에겐 당연히 이런 복상이 요구된다. 사장은 악운이거나 혹은 행운이거나 운이 강하지 않으면 안 되기 때문이다. 보통 최고경영자의 인상은 자신의 카리스마로 드러나는 것이 보통이다.

국내 모 기업의 윤 회장이 회장으로 취임했을 때 다음과 같은 말을 남겼다.

"오름의 코스를 탄다는 것은 사실상 매우 어렵다. 그건 바로 운을 끌어 당기는 것이다. 세상엔 오늘의 시점에서 보면 나쁜 결과를 가져올 것으로 판단되는 것도 내일의 시점에서 보면 좋은 결과였다고 판단되는 일이 비일비재하기 때문이다. 운을 잘 따르는 특별한 어떤 패턴은 없다. 그 때문에 기업 경영은 재미있는 것이라고 말한다. 우리 회사도 기복이 큰 기업이다. 그러나 이 회사는 운이 따라주는 회사임에는 틀림없다. 최고경영자라면 바로 그 운을 끌어 잡아당기지 않으면 안 된다고 생각한다."

역사소설가 정 모 씨도 그의 소설 속에서 운명에 관한 독특한 에피소드를 소개하고 있다. "전쟁이라는 게 국가가 하는 피투성

이의 도박이라고 한다면 장군은 그런 도박을 대행하는 피의 승부사이어야만 한다. 마땅히 전승, 승부를 위해 싸우는 사람이 되어야 한다. 도박의 기술은 참모들이 한다고 치더라도 군을 빌리는 사람은 장군이 아니어서는 안 되기 때문이다." 영국의 해군 대장 넬슨 장군은 연합함대 사령관을 선정할 때 몇 사람의 해군 가운데서 가장 명성이 없는 장교를 택했다고 한다. 그 이유를 그는 "그 남자는 젊었을 때부터 운이 좋았던 사람이어서"라고 대답했다. 넬슨은 전쟁터에서 전쟁의 수행자가 어떤 모습이어야 하는지를 너무나 잘 꿰뚫어 보고 있었던 것이다.

"인간은 바로 정면에서 1대 1로 맞부딪치면 본능적으로 대응 자세를 취하기 때문에 비교적 속임수가 통한다. 하지만 뒷모습은 아무리 노력한다고 해도 어쩔 수 없는 것이다. 특히 목 뒤의 살이 홀쭉하게 쑥 빠진 것처럼 마른 건 좋지 않다. 이런 사람은 벌써 한물 간 거나 다름없다고 말해도 좋다."

요즘은 성형수술이나 화장술 등으로 얼굴 모습을 젊게 변하게 할 수가 있다.

그러나 뒷모습은 아무리 속이려고 해도 본래의 나이를 숨기지 못한다. 자신이 지내온 직업의 특징은 연륜을 쌓아감에 따라 뒷모습에 그대로 스며들기 마련이다. 일생을 명배우로 지낸 고 '김희갑' 선생은 "영화의 연기 중에서 가장 어렵고 감칠 맛이 나는 것은 카메라를 등 뒤에 두고 연기하는 것이다. 그런 연기를 잘 하게 되었을 때 비로소 그 배우는 자신을 배우라고 말할 수 있다. 다행히도 나는 병아리 시절부터 뒷모습을 찍히는 영화에 자주 나와 카메라가 어느 쪽에서 비추더라도 흔들리지 않는 마음가짐이 몸에 배어 있다"고 말하고 있다.

사람의 얼굴은 아침, 저녁으로 변한다. 실제로 인상은 늘상 변하고 있다고 말해도 좋으리라 예를 들면 잔뜩 찡그린 인상을 하고 있는 사람이 사회에 나와서 늙어 죽을 때까지 그 모습만 지니고 있느냐하면 결코 그렇진 않다. 자신의 마음가짐 하나로 스스로 얼굴의 상을 고쳐서 운을 맞아들이는 게 가능하다고 관상전문가들은 말한다. 요즘의 젊은이들은 무슨 쓸데없는 소리냐고 웃어넘길 수도 있겠지만 이건 정말 맞는 얘기다. 만약 거짓말이라고 생각한다면 내일부터라도 당장 거울에 비치는 자신의 얼굴과 대결해 보라. 자기 자신의 마음과의 대결이므로 곧 그 결과를 알게 될 게 틀림없다.

"하느님은 너에게 단 하나의 얼굴을 만들어 주었다. 그런데 너는 스스로 또 다른 얼굴을 만들지 않으면 안 된다."

이는 셰익스피어의 명언이다. 셰익스피어의 말처럼 인간에겐 정신이라는 게 있다. 이 정신을 갈고 닦아 어떤 경지에 이르면 그 정신의 빛남이 자연스럽게 얼굴에 나타나게 마련이다.

리더는 연륜에 걸맞는 자신만의 얼굴을 가질 수 있어야 한다.

리더십은 없다, 탁월한 리더만이 있을 뿐이다

최고경영자의 자리는 어느 관점에서 보면 보는 시각에 따라 편하고 쉬운 자리로 보일 수도 있다. 그러나 최고경영자의 역할과 업무를 자세히 살펴본다면 그러한 생각이 얼마나 잘못된 생각이었는지를 금방 깨닫게 될 것이다. 공룡과도 같은 거대한 기업을 이끌면서 안팎의 여러 문제들을 해결해야 하고, 또 수많은 경쟁자들을 이겨야하며 궁극적으로는 이윤을 창출하여 회사를 발전시켜야 하기 때문에 사장만큼 힘든 자리도 없을 것이다. 사장에게 요구되어지는 능력은 사실 한 두 가지가 아니다. 소위 리더의 첫째 조건으로 꼽히는 지휘통솔력은 물론 지식을 기반으로 한 판단력도 정확해야 하고 과감히 결단할 수 있는 용맹도 필요하다. 무엇보다도 중요하게 요구되어지는 것은 시대의 흐름을 읽어내고 기업의 미래에 대한 비전을 제시할 수 있는 선견력이 있어야 한다. 또 최고경영자는 누구보다도 건강해야 한다. 올바른 판단은 건강한 몸과 머리에서 나오기 때문이다.

중국의 고전 삼국지에 보면 '맹장 밑에 약졸 없다.' 라는 말이 있다. 어떤 기업의 조직이건 최고경영자의 능력에 따라 조직의 힘이 극대화되기도 하고 또 극소화되기도 한다. 이른바 경영수완이라 불리는 리더의 지도력이 한 기업의 나아가서는 한 국가의 흥망성쇠를 좌우할 수도 있다. 따라서 기업의 입장에서 본다면 회사 경영자인 사장의 역할과 비중은 클 수밖에 없고 직원들은 누가 사장이 되는가에 온 정신을 집중할 수밖에 없다.

특히 현대와 같은 고도의 정보 산업사회에 있어서 세계 각국의 기업들은 무한경쟁체제로 돌입하였고 이러한 급격한 변화의 소용돌이를 잘 이끌고 헤쳐 나갈 능력 있는 사장에 대한 요구와 기대는 각별한 것이라고 할 수 있다.

얼마나 기민하고 유연하게 변화에 대처하여 기업의 경쟁력을 잃지 않고 발전시킬 수 있는가? 또 불확실한 미래를 얼마나 정확하게 내다보고 기업경영을 할 수 있는가? 이러한 측면에서 강한 리더의 면모를 갖춘 최고경영자의 모습이 요구되어지는 것이다. 새로운 리더에 대한 우리 사회의 기대는 클 수밖에 없다. 최고경영자라면 미래를 내다보는 선견성이 있어야 하고 이를 올바르게 판단할 수 있는 지성이 있어야 한다. 또 주력사업을 무엇으로 할 것인가를 과감하게 선택하여, 투자하고 밀고나가는 적극적인 힘이야말로 기업의 최고경영자가 갖추어야 할 최고의 능력이다. 국내 기업환경도 이제는 서서히 변하고 있다.

과거 기업의 소유주가 곧 경영자였던 가족경영의 낡은 구습에서 서서히 전문경영인 체제로 바뀌어가고 있는 기업의 환경 속에서 리더의 자질과 조건도 변화를 요구받을 수밖에 없다. 합리적 전문경영인이 등장하면서 과거 리더의 요구사항이던 권위와 카리스마 못지않게 덕망과 합리적 사고방식이 요구되고 있다.

리더에 대한 이처럼 상반된 기대와 요구가 나타나는 것은 이질적인 요소의 혼재된 문화 때문이다.

덕망은 사실 무엇인가 확실하게 잡히지 않는 정적 개념이면서도 기업의 리더가 갖추어야할 중요한 덕목임에 틀림없다. 이러한 덕성이 인간주의에 대한 향수나 그리움이 깃들어 있다면 기업보스의 사회적 책임감은 사회에 대한 책임이 곧 기업의 목표라는 근대적 기업관이라고 할 수 있다.

사실 지나치게 인간주의를 강조하고 중시하다보면 기업의 조직 체계가 흔들릴 수 있고 이는 때때로 조직 자체를 무질서하게 만들어 혼란과 혼돈으로 빠뜨릴 수 있다. 마찬가지로 기업의 사장이 지나치게 합리주의를 강조하면 또한 생산성을 떨어뜨릴 수 있다는 결과도 최근 불경기에 허덕이고 있는 미국의 기업들에서 찾아볼 수 있다. 결국 서로 모순되는 점이 있으면서도 융화하고 있는 요소라는 점에서 사장에게 기대되는 덕목인 것이다.

한편 업종에 따라서 리더에게 요구되어지는 조건도 크게 달라질 수 있다. 정책 변경, 금리변동 등 경제외적 환경에 크게 좌우되는 금융업의 경우는 선견성과 판단력을 을 가장 중요한 조건으로 볼 수 있고 반면, 무역업은 마케팅과 대 바이어전략이 가장 중시되는 만큼 지휘통솔력을 제일 중요한 미덕으로 본다.

이밖에 제조업, 건설업, 도소매, 운수, 호텔업 등은 일반적 경영자상을 대변해 역시 판단력을 리더의 첫 번째 자질로 볼 수 있다. 위 결과는 코리아리서치에서 대기업에 근무하는 직원들을 대상으로 최고경영자의 자질에 대하여 여론조사를 실시한 내용이다. 조사는 또 최고경영자의 리더로서의 자질을 물으면서 왜 그러한 조건이 가장 중요하다고 생각하는지를 묻는 주관적 설문도 덧붙였다. 이에 대한 응답은 조건별로 다양했으나 크게는 ❖기업의 방향을 제시한다는 점을 비롯 ❖기업경쟁에서의 승패 ❖환경변화의 적응 ❖효율적인 운영 ❖사회적 공헌 ❖기업목표 달성 ❖부하의 통솔이라는 이유를 댔다.

선견성을 제일조건으로 든 회사간부의 대부분은 "기업경쟁에서의 승패(27.3%), 환경변화의 적응(27.3%), 기업의 방향제시

(22.7%)를 위해서는 사장이 미래를 내다보는 눈이 있어야 한다고 본다."라고 답변했다. 이는 하이테크시대 기업의 적응력과 경쟁력을 위해서는 기술혁신이 요체라는 말과 상통한다.

21세기 사회의 변화를 잘 읽어내고 이러한 변화가 우리생활에 미치는 영향을 미리 간파하고 이 물결을 탈줄 아는 지혜로운 기업인을 요구하는 것이다. 기업의 변신에 앞서 기업인 자신의 대단한 변신을 요구하는 대목이다.

'판단력' 의 조건은 기업의 방향제시라는 점에서 중시된 것으로 나타났고 '결단력' 또한 그렇다.

선견력이 마부라면 판단력과 결단력은 이를 실제적으로 추진하는 쌍두마이다. 부하의 통솔 때문에 지휘, 통솔력이 요구된다고 하는 이유도 마찬가지로 볼 수 있다.

창업정신이 우선 기업문화를 이루는 핵심이념이라고 할 때 사장의 사명감은 무엇보다 중요한 정신적 요소이다. 기업의 목적은 이윤추구이지만 기업의 사회적 역할이 분명히 있다고 볼 때 기업인이 이를 인식하고, 책임감을 느끼고 고민하게 된다면 이 같은 사명감은 국민경제를 발전시키는 밑거름이 될 것이다.

이러한 점에서 '사회적 책임감' 을 최고경영인의 첫 번째 조건으로 내세우는 사람들은 사회적 공인으로서 사장들이 책임 있게 행동하기를 바란다고 볼 수 있다.

기업간의 경쟁에서 승패를 가늠하는 요소로써 최고경영인이 회사발전, 존망에 대한 책임과 각오가 되어있는가를 중요시한 것 또한 당연하다. 외국기업의 경우와는 다르게 국내기업의 경우는 회사의 최고경영자가 회사경영을 잘못해서 부도가 나더라도 책임지는 기업인은 찾아보기 힘들다. 따라서 자신이 몸담고 있던 회사와 함께 운명을 같이 하겠다는 정신이야말로 어떠한 어려운 상황에서도 기업을 살리고 이길 수 있는 건전한 기업정신이고 전전후기업의 요체가 될 수 있다.

우리나라 기업들도 사회적 부의 축적과 국민경제의 성장과 함께 점차 크게 발전하고 있다. 기업조직이 활력을 잃지 않으면서 하이테크의 무한경쟁시대에서 살아남기 위한 경영의 경쟁력을 경제전문가들은 확고한 창업정신, 기술혁신, 신제품개발, 건전한 노사관계 등을 들고 있다

부실 대기업일수록 조직이 갖는 형식성과 직원들의 타성을 뿌리쳐야하고 미래의 산업구조에 대한 예측이 필요하다. 또 이에 적응하려는 노력이 필요한 때다. 이번 여론 조사에서 중역들은 최고 경영인으로의 발탁에 대한 기대와 함께 새 시대에 자신이 최고 경영인으로 오를 수 있는지 자신의 능력에 대한 점검도 필요할 것이다.

기업의 자기혁신과 변신이 기업에 요구하는 21세기 국민들의 요청이라면 기업인의 변신 곧 리더들의 자기혁신은 이에 앞서야 할 최고경영자의 조건인 셈이다.

이번 조사에서는 최고경영인의 조건에 대한 선택지로 모두 20가지의 미덕을 제시했다. 이중 중역들이 전혀 선택하지 않았거

나 겨우 한두 명이 중요하게 생각한 조건은 모두 6개로 견인력, 솔선수범, 사적권위, 후계자양성노력, 폭넓은 지식, 독재성(자신의 책임과 권한아래 일 추진)등이다.

이 중 견인력, 솔선수범은 앞서의 지휘통솔력과 중복되며 폭넓은 지식은 판단력에, 사적권위는 덕망 넓은 도량의 각기 외연개념이라는 점에서 선택에서 제외된 듯싶다. 다만 독재성을 사장의 조건에서 뺀 것은 경영의 민주화가 오히려 장기적 기업발전의 측면에서 바람직하다는 합리적 판단에서 나온 것으로 분석된다. 폭넓은 지식의 경우도 보다 넓은 개념인 선견력의 바탕이 된다는 점에서 우선 순위에서 쳐져있다. 선택지의 한정이 오히려 선택의 폭을 좁힌다는 점에서 주관적인 의견도 개진할 수 있게 했더라면 더 낳은 미덕의 항목이 추가되었을 것으로 짐작된다.

3

외국 사례를 통해서 본
최고경영자의 조건

미국 형 경영리더의 조건

얼마전 미국의 모 일간지가 미국의 237개 대기업을 대상으로 조사한 결과에 따르면 대부분 기업의 최고책임자 인선은 업계내의 인맥을 기반으로 행해지고 있는 것으로 밝혀졌다.

대기업들이 최고경영책임자를 인선할 때 교체배경이 분명치 않은 경우가 많은 것은 많은 기업주들이 인정하는 사항이기도 하다. 그러나 개인의 기업에 대한 공헌도가 사장 인선에 있어서 전혀 배제되는 것은 아니다. 개인의 능력이 중시되는 과거의 가치관이 어느 정도 반영되고 있는 것만은 틀림없는 사실이다. 재무, 제조, 법률, 마케팅 등 각 전문분야의 인재 중에서 최고책임자를 발탁하는 경우가 없는 것은 아니지만 경제대국인 미국에서는 하나의 업종, 즉 한 회사에 오랜 기간 공헌해 온 인물을 중요시하는 관례가 지금까지도 확연히 존재하고 있다.

당시의 조사결과로는 최고경영자들의 10명중 7명 정도가 최저 20년 이상 한 기업에 몸을 담아 왔으며 35년 이상 근속한 사람도 그중 4분의 1에 이르고 있다고 한다. 특히 응답자 가운데 3분의 2는 줄곧 동일업종에서만 일해 왔으며 그중 40% 이상이 한 기업에만 몸을 담아온 것으로 나타났다.

70년대까지만 해도 최고경영자의 기업간, 업종간 이동이 지금보다 많이 있었고 또 환영받기도 했다. 이는 다양한 현장에서의 경험에 따른 창조성, 혁신성이 사회적으로 평가되고 있음을 반영하는 것이다. 이런 경향이 절정에 달했던 1960년대에는 사장들 가운데 근속 20년 이상을 자랑하는 사람은 반도 되지 않았다.

그러나 이러한 경향은 70년대 후반에 들어오면서부터 바뀌기 시작하여 현재에는 상황이 역전되고 있는 실정이다. 최근 10년간 계속되고 있는 불황 때문에 미국경제는 점차 경쟁력을 잃어가고 있고 이 영향으로 유럽과 아시아 지역의 경제 상황도 좋지 않은 것이 사실이다. 미국은 경제의 어려움을 벗어나기 위해 여러 가지 경기부양책을 내놓고 경제를 살리기 위해서 애쓰고 있지만 별로 신통치 않아서 옛날방식의 해결책을 택하는 방향으로 정책이 급속히 기울어졌다. 80년대 초만 하더라도 미국 기업들 간에 창조적인 능력을 희생하더라도 한가지 업종에 전력투구하는 편이 낫다는 판단이 주류를 이루고 있었으나 지금은 상황이 다르다.

미시간 주립대학의 경영학교수인 '유진제닝스' 교수는 이러한 현상이 미국산업계의 황금기였던 1950년대로의 역행이라고 지적하면서 도시에서 성공한 사람들이 자신들을 이만큼 훌륭하게 키워준 부모 밑으로 되돌아가려 하고 있는 것이라고 비유하기도 했다. 또 뉴욕대학 경영대학원 학부장으로 미국 캔스사의 최고경영책임자이기도 했던 윌리엄 메이는 기업들이 연공서열 시스템에 집착하게 되는 것은 경제환경이 기업내의 축적된 능력을 요구한다는 이유 이외에도 경영의 안전성과 미래시장에 대한 선견성이 필요하기 때문이라고 말하고 있다.

즉 한 기업 내에서 오래 근무하고 그 기업에서 승진해서 사장이 된 사람이라면 회사의 여건을 잘 이해하고 그 속에서 어떻게 살아남고 성장해야하는 가를 잘 알고 있기 때문에 기업으로서도 함께 일하기가 쉽다는 것이다. 메이는 따라서 외부 사람이 들어와서 그 회사의 사장이 되려고 생각한다면 사내의 후보자들보다 30%이상 뛰어난 점을 갖고 있지 않으면 안 된다고 덧붙이고 있다.

그러나 이런 사내 근속자에 대한 우대 풍조에 이의를 제기하는 사람도 있다.

벤딕스사의 최고경영책임자였던 윌리엄 에이지는 최근 10년간에 나타난 경영상의 잘못된 판단은 평범한 리더십에 의한 경우가 많다고 기업 최고경영자의 자질과 능력을 문제로 지적하고 있다. 장기적으로 성장할 수 있는 기업도 최고경영자가 판단을 잘못해서 높은 생산율만을 유지하기 위해서 필요 이상의 출자를 하다 보면 멈출 줄 모르는 생산비용의 상승을 감당할 수 없게 된다는 것이다.

이와 같은 판단의 대부분은 회사와 함께 성장해온 사내 사장들에 의해 결정되어지는 게 보통인데 주로 철강, 금속, 고무 등이 그 좋은 예이다. 그들의 실패원인은 한 걸음 뒤로 물러서서 앞으로의 성장전망을 바르게 평가하고 어떠한 방법으로 마케팅을 해서 그들의 업계를 활성화시킬 수 있을 것인가를 생각하지 않은 데 있다고 그는 말하고 있다.

1981년도의 베스트셀러인 '일본인의 경영'의 저자인 리처드 패스컬도 기업이 사내에서의 승진제도만으로 사장을 채용하고 있는 것은, 잘못하면 근시안적인 경영에 빠질 위험성이 있다고 지적하고 있다. 그러나 패스컬에 따르면 중요한 문제는 연공서열을 중시하는 경영방침에 있는 것이 아니라 다른 사내사정에 있는 것이다. 그는 기업이 업계내에서 계속 살아남고자 한다면 기업은 경영의 모든 문제에 대해서 끊임없이 연구하고 노력해야

하고 또 실제 소비자인 고객의 의견에 귀를 기울이지 않으면 안 된다고 말하고 있다.

현실적으로 자신들의 그룹 밖에서 최고경영책임자가 될 인재를 찾으려고 하는 기업은 점차 줄어들고 있다. 자사의 기반에 불안감을 느끼고 있는 기업만이 어쩔 수 없이 회사 밖에서 리더, 또는 장래 최고책임자가 될 역량을 가진 넘버 투의 인재를 구하고 있는 것이다. 사장을 밖에서 구하는 것은 어떤 측면에서 보면 기업내부의 우수한 후계자를 육성하는데 실패했음을 스스로 인정하는 꼴이다. 현재의 사장을 해고한 결과 공석이 되어버렸기 때문에 외부로부터 사장을 채용하는 경우도 있다. 최근 심각한 불황 속에서 많은 사장들이 해임이나 권고사직을 받아들이지 않으면 안 되었는데 제닝스 교수의 통계에 따르면 연평균 기업수뇌부의 사임은 94년 4.1명이었던 것이 99년에는 9.8명으로 배이상 늘어났다.

또 이 사임의 대부분은 기업경영에 실패하여 매출 실적회복에 실패한 책임을 묻거나 실패를 예상한 데 따른 것이다. 불황이 지속되다보니까 기업 내부의 기반이 흔들리고 있을 뿐만 아니라 오늘날의 기업은 각종 규제의 철폐나 세계화, 국제화에 따른 기업 밖으로부터의 압력에도 맞서 나가지 않으면 안 되는 실정이다.

이러한 안팎의 문제로부터 진통을 겪는 기업은 자산의 운용이나 종업원과의 고용계약, 사장의 해임 등 어려운 결단을 내려야 할 때 외부의 전문가에게 의존하게 되는 경우가 생긴다.

하지만 외부로부터의 인사가 항상 잘 되는 것만은 아니다.

각종 규제의 철폐를 비롯한 업계내의 상황변화에 따라 각 기업이 중요시하는 포인트도 크게 변화하고 있다. 그 중에서도 눈에 띠는 것은 전에는 그다지 문제가 되지 않았던 사장 자신의 출신을 중요시하는 기업이 늘고 있다는 것이다. 전기통신과 같이 규제가 철폐된 업계에서는 후계서열 중에서 마케팅출신의 인물이 단연 우위에 올라서고 있다.

최근 10년간 급성장한 금융 서비스 업계에서는 사장후보 가운데 마케팅 전문가가 급속히 중요시되고 있음은 주목할만한 사항이다. 그중에서도 대규모이고 비교적 전망이 있다는 평을 듣는 금융기관은 고도의 마케팅기량을 가진 사장을 찾으려고 소비재회사쪽으로 눈을 돌리기 시작했다고 사장 스카우트 전문리크루트 회사인 모리스회사의 사장 '존 마츠'는 지적하고 있다.

'마츠'는 마케팅전문가가 각 업계의 최고경영인 자리에 들어서는 것은 시간문제라고 강조하고 있다.

여러 가지 규제가 철폐된 업종 가운데 또 하나가 항공업계인데 여기에서도 마켓 트레이닝을 쌓은 인물이 높게 평가받기 시작했다. 항공업계는 하늘 높은 줄 모르고 치솟기만 하는 고비용의 문제 등 여러 가지 문제를 안고 있기 때문에 팬암사의 에드워드 애커 같은 재무에 밝은 인물 외에 마케팅전문가인 아메리칸 에어라인즈사의 사장이었던 로버트 크랜덜 사장 등이 주목받고 있다. 이처럼 마케팅능력을 중요시 하는 경향은 뉴욕 에어나 미

드웨이 등 중소도시지역의 항공회사에서 다른 지역보다 뚜렷하게 나타나고 있다고 마프는 말하고 있다.

퍼스널 컴퓨터업계 등 비교적 경영상태가 양호한 하이테크놀러지 업계에서도 마케팅전문가를 필요로 하고 있다. 10여 년 전 매사추세스 주 케임브리지의 지하실에서 컴퓨터메니아들이 모여서 시작한 이들 기업도 지금은 IBM이나 텍사스 인스트루먼트와 어깨를 나란히 할 정도로 성장했다. 그 중에서도 최상급에 속하는 기업들이 마케팅에 뛰어난 리더가 될 인재를 소비재회사에서 찾고 있는데 예를 들면 애플사의 존 스캐리는 펩시코 출신, 아타리사의 제임스모건은 필립모리스의 사장 출신이다.

그러나 미국의 일류기업에 있어서 마케팅전문가 출신의 사장들은 1950년대 후반에서 60년대 전반만큼 좋은 대접을 받고 있지는 못하다. 한 조사에 따르면 현재 사장들이 갖추어야할 능력으로 20.8%가 마케팅을 들고 있는데 이것은 재무(22.5%), 제조 오퍼레이션 (35.8%) 보다 뒤떨어지는 것이다.

"대기업은 사업의 규모가 크기 때문에 자산운용이나 다각경영 측면에서, 생산성을 향상시켜서 최대한의 이윤을 창출해낼 수 있는 전방위 적인 인재가 필요하게 될 것이다."고 윌리엄 에이지는 말하고 있다.

콜럼비아대학의 경영대학원 학부장인 존 버튼은 이제부터 기업경영은 끊임없이 시장을 불안하게 만드는 고비용 문제, 즉 인플레율에 장기적으로 대처해가지 않으면 안 되기 때문에 최근

수년간 자금운용에 뛰어난 재무지향의 사장이 늘어나고 있다고 귀띔 한다. 실제 이러한 재무를 중시하는 경향 때문에 경영관리학석사 과정(MBA)이 기업 사장들의 인기를 끌고 있어서 22.8%의 사장이 이 석사학위를 취득하고 있는 것으로 나타났다.

반면 법률전문가를 찾는 기업은 10년 전에 비해 그다지 많지 않은 것으로 나타나고 있다. 이번 조사의 응답자 가운데 법률관계분야의 출신자는 겨우 8.8%에 불과했으며 법학사학위를 취득하고 있는 사람도 12.7퍼센트 석사, 박사학위취득자는 더욱 적었다. 그러나 최고경영자가 법률에 밝은 기업은 사업상 생기는 법적인 문제해결에 신속하고 합리적으로 대처할 수 있기 때문에 법률전문가를 찾는 기업도 많이 있다.

최고경영자를 발탁할 때 사내에서의 승진을 생각한다면 미국기업은 최고경영자의 자리에 적합한 후보자를 결정하기 위하여 적절한 인재개발 프로그램을 마련해야 할 것이다.

사실 사장등용을 위한 훌륭한 시스템을 갖추고 있는 기업도 여러 곳이 있는데, IBM, 제록스, 제너럴 일렉트릭사 등이 그 좋은 예이다.

GE의 경우 사내 사원 출신중에서 사장을 뽑는 시스템은 결과적으로 재무구조를 개선시키고 매출을 증가시키는 데 회사에 크게 공헌하고 있음이 몇 년 전 새 사장을 뽑은 후에 결과로 분명히 나타났다.

당시 이 회사에서 회사의 리더가 될 후보자가 6명 있었다. 모두 각 운영 부문의 책임을 맡고 있는 사람들이었다. 최종적으로는 그 중에서 한 사람이 회장에, 두 사람이 부회장으로 선출됐다. 그리고 나머지 세 사람은 GE를 그만두고 다른 기업의 넘버원 혹은 넘버 투의 자리로 옮겨 갔다.

각 부문의 운영을 독립시키는 경영방법은 GE의 후계자 육성 계획에 불가결한 요소였던 것이다.

일본기업 최고경영자의 하루

분초를 다투며 바쁘게 진행되는 사장의
일과, 일본 기업에서의 사장의 하루는 바로 25시다.

일본경제신문은 최근 일본의 3000개 대기업 사장을 대상으로
사장의 24시를 조사했다. 그 결과 사무실에서 책상에 앉아 업무
를 보는 시간은 하루 평균 3.2시간, 하루 결재 건수는 18.1건, 회
사일로 거래처 사람을 만나는 횟수는 평균 5.9회로 나타났다.

이러한 조사결과를 바탕으로 평균적 사장 A씨의 하루를 추적해 본다

기상시간은 6시 20분쯤 체조, 산책, 조깅 등 가벼운 운동을 한 뒤 샤워를 한다. 상쾌한 기분으로 조간신문을 읽는다. 주로 경기 동향, 업계정보, 신기술, 신제품 등 사업에 관계되는 기사를 읽지만 건강에 관한 기사에도 가끔은 자연히 눈이 쏠린다.

아침식사는 TV를 보면서 주로 빵을 먹는다.

8시쯤 출근. 회사에서 내주는 전용차는 일본산 고급차. 러시아워 때 출근하지만 회사까지는 40분 정도 걸린다. 차안에서는 신문을 읽거나 업무에 대한 준비를 한다.

출근까지 주로 하는 일은 먼저 식사 식사는 빵이 50퍼센트, 일본 음식이 33퍼센트로 입맛이 까다로운 일본인들이지만 간편한 서양식 간이식사가 주류를 이룬다. 그러나 아침식사를 먹지 않는 사람도 3%나 된다. 식사중 TV를 보는 사람은 67%나 된다. 일본 기업의 사장들은 건강에 매우 신경을 쓴다. 체조 29%, 산책 15%, 조깅 6%로 가벼운 운동을 많이 한다. 샤워 22%, 독서와 일 준비도 각각 10% 이상으로 일반사원에 비해 아침의 활동이 다채롭다.

집을 나서는 시간은 평균 8시 2분, 통근수단은 전용승용차가 압도적으로 많아서 72%이다. 전철, 버스 등의 공공 교통수단 이용은 13%, 손수 운전은 7%에 지나지 않는다. 이용 차종은 도요타, 닛산, 등 일제 차량이 주류를 이루고 있고 외국 차량으로는

벤츠가 단연 인기를 끌고 있다. 사장들은 만원전철에서 시달리며 출근하는 일반사원에 비해 출근시간을 잘 활용할 수 있다. 신문을 읽는 사람이 39%, 일을 준비하는 사람이 19%, 잡지를 읽는 사람이 12%이며 아무것도 하지 않는 사장도 29%나 된다.

8시 40분에 출근한 A사장은 먼저 사장실 책상에 앉아서 여비서가 끓여온 차를 마시면서 보고서를 읽는다. 비서가 가지고 온 메모를 보고 하루의 스케줄을 확인한다.

서류의 처리는 사장의 하루 업무중 가장 중요한 부분을 차지한다. 하루 평균 3시간 정도 책상에 앉아 업무를 처리한다. 집에서 읽지않은 신문을 보는 것도 중요한 하루 일과중의 하나다.

오늘은 아침에 간부회의가 있다. 잠시 메모를 하면서 오늘 논의할 사항을 정리한다.

회의가 끝난 후 저녁시간까지는 바쁜 스케줄로 꽉 차 있다. 관리담당, 기술담당, 영업담당 중역을 차례로 불러 당면문제에 대한 의견을 교환하고 어떤 때는 부장, 과장을 불러 직접 현장의 이야기를 듣기도 한다. 관련회사의 임원과도 의견을 나눈다. 기술제휴를 맺은 회사의 사장이 방문했을 경우에는 점심을 같이 먹으면서 이야기를 나누기도 하고 틈을 이용해 부, 과장들이 찾아와 긴급안건에 대한 결재를 받기도 한다.

회사에 도착해서 최초로 하는 일은 '보고서, 메모등을 본다'가 56%, '비서와 스케줄을 협의한다'가 35%, '신문을 읽는다'가 32% '아침 회의를 주재한다'가 10%로 나타났다.

사장실의 넓이는 평균 47.2㎡, 17㎡에서 62㎡까지가 전체의 70%이상을 차지했다. 95㎡의 호화판 사장실을 갖고 있는 사람도 5%나 됐고 사장실이 없는 사람도 2%나 됐다. 사장실의 비품으로는 집무 책상 외에 응접세트를 놓은 곳이 전체의 95%, 퍼스널 컴퓨터, 단말기와 건강기구도 각각 3% 정도 차지했다.

하루 일과 가운데 책상에 앉아 있는 시간은 3시간이 가장 많은 28%, 2시간이 24%, 4시간이 21%의 순서이다. 하루 결재 건수는 10～19건이 30%, 1～9건이 30%로 가장 많고 평균 결재 건수는 18.1건이다.

A사장은 일주일의 절반은 곧바로 집으로 들어가지만 나머지 절반은 거래처 사장의 접대를 위해 술집에 간다. 술이 거나해지면 상대 사장과 함께 가라오케로 2차를 가서 노래를 부르기도 한다. A사장의 노래 레퍼토리는 대부분 유행가. 집에 돌아와서는 목욕을 하고 TV의 스포츠 프로그램을 즐긴 뒤 11시쯤 취침한다.

퇴근 후 곧 집에 돌아가 저녁을 먹는 횟수는 평균 1주일에 3일, 2일은 20%, 1일이하도 10%를 넘고 있다. 이 가운데 회사 접대관계로 저녁에 늦게 집에 돌아가는 횟수는 일주일에 평균 2.3%, 술을 매일 마시는 사람은 51%, 자주 마시는 사람은 26%, 가끔 마시는 사람은 12%로 조금이라도 술을 마시는 사람이 전체의 90%, 좋아하는 술은 정종, 맥주 위스키가 각각 20% 선이며 소주도 최근의 인기에 편승해서 6%의 지지를 얻고 있다.

좋아하는 노래는 가요 17%, 엔까 13%, 서양음악 5%, 민요 3% 등이고 응답을 하지 않은 사람이 55%나 됐다.

TV 프로그램 가운데 꼭 시청하는 것은 뉴스로 전체의40%, 스포츠와 드라마가 각각 19%로 경제 프로그램 2%와 좋은 대조를 이루고 있다.

취침 시간은 50% 이상이 11시라고 대답했고 10시대도 25%나 됐다. 12시에 잔다는 사람도 17%나 돼서 평균 취침시간은 11시대, 평균 수면시간은 7시간 정도이다.

회답에 응한 회사 가운데 매주 2일 휴무가 30%, 2주에 한번씩 2일 휴무가 30%로서 연휴 2일 채용기업은 전체의 90% 이상이었다. 사장들은 휴일에 무엇으로 소일할까? 골프를 치는 횟수는 월 평균 2.3회. 휴일의 절반은 골프장에서 보낸다는 계산이다.

그러나 가능한 한 휴일은 가족과 보낸다는 사람도 전체의 40%이상이었다. 또한 회사일은 절대 집에 가져가서 하지 않는다가 45%, 가능한 한 빨리 집에 돌아간다, 가족들과 대화의 시간을 늘린다. 가족과 함께 외출한다는 대답도 30%이상이었다. 사장들이 회사일도 중시하지만 가정에 대해서도 회사일 못지않게 중요시하고 있음을 보여주었다. 그러나 특별히 집에서는 하는 일이 없다는 사람이 10%, 일이 취미라는 사람은 20%인 점으로 미루어 볼 때 맹렬 사장도 적지 않음을 알 수 있다. 취미로는 골프와 독서가 각각 60%를 차지했고 그외에 취미는 여행, 분재, 미술, 골동품, 바둑, 장기의 순서. 독서량은 월평균 4.3권에 이르고 있다.

출장횟수는 한달 평균 3.2회 월 2회 출장이 가장 많았으나 10회 이상의 출장도 4%나 됐다. 도쿄에서 오사카를 여행할 경우 신칸센 이용이 56%, 비행기 이용은 39%였다. 해외여행은 연평균 1.8회로 국내 출장에 비해 아주 적다.

해외출장에 필요한 영어실력은 전혀 못한다가 19%, 어려움은 있지만 의사소통은 된다가 55%, 일본어와 똑같이 말할 수 있다고 말한 사람도 25%나 됐다.

맹렬사장의 하루 일과는 일반적인 사장의 하루와는 아주 판이하게 전개되고 있다.

우선 출근시간은 6시 30분, 겨울철에는 해도 뜨기전인 컴컴한 꼭두새벽에 출근을 한다. 그렇다고 퇴근까지 늦게 하는 것은 아니다.

책상에 앉아서 집무하는 시간은 하루10시간, 서류결재는 하루 500건, 한달 독서량은 100권. 일주일 내내 계속해서 업무에 필요한 사람을 만나고 있다. 한달 국내출장 횟수는 30회, 연간 해외여행 횟수는 24회, 기네스북에 올라갈 만큼 경이적인 숫자이다.

기업의 흥망성쇠는
최고경영자의 위기관리
능력에 달려있다

경영리더의 리더십 24개조

경영자는 돈을 버는 일에도 책임과 신념을 가져야 한다

아무리 훌륭한 부하직원들을 거느리고 있다하더라도 최고경영자가 뛰어난 리더십을 발휘하지 못하면 치열한 기업간의 경쟁에서 이길 수 없다. 회사경영에 대한 책임과 신념은 강한 리더의 필요충분조건이다. 어찌 보면 기업경영이란 정치와 마찬가지로 욕망추구의 과정이라 할 수 있다. 즉, 이상과 포부와 함께 이윤을 추구해야겠다는 욕심을 가지고 회사를 경영해야 하는 것이다. 만약 도산한 회사에 사장으로 취임하게 된다면 어떻게 하면 회사를 재건시켜서 사회적인 여망에 부흥하고 종업원의 생활안정과 향상을 꾀할 수 있을까 하는 생각을 해야 한다.

경영자로서 가장 좋지 않은 모습은 적자를 낸 후에 부진의 원인을 다른 사람의 탓으로 돌리는 것이다. 예를 들면 적자의 요인이 불경기 탓이라든가 종업원들이 업무에 태만했다라든가 하는 등의 변명을 하는 경영자들이 바로 그런 사장들이다.

리더는 강한 신념을 가지고 부하직원들을 이끌어야 한다.

"강한 신념이야말로 모든 것을 이룰 수 있는 비옥한 토양이다." 라는 말이 있다.

반드시 이익을 창출하고 회사를 발전시켜야 한다는 믿음과 의지야말로 경영을 주도하는 리더에게 필요한 최소한의 조건이다.

후계자는 강하게 길러라.

만약 도산한 회사에서 후계자를 결정해야 한다면 이는 빠르게 결정하는 것이 중요하다.

회사의 내부에는 반드시 파벌이 있게 마련이고 내부분쟁이 있기 마련이다.

내부분쟁이 일어나는 것은 후계자의 인사가 빠르게 결정되지 않았기 때문이다. 대개 도산한 회사는 후계자가 없이 한 사람의 사장이 언제까지나 권력을 가지고 있는 것이 보통이다. 우리나라 기업의 경우 대개는 자식들에게 대를 물려주는 것이 보통인데 이런 경우에도 자식을 어떻게 교육시키는가가 중요하며 최고 경영자로서의 능력과 사장의 조건을 가르치는 것은 매우 중요하지만 그것만으로 사장이 될 수 있는 것은 아니다. 후계자교육에서 중요한 것은 해외 유명대학에 유학을 보내는 것이 아니라 경영이라는 것이 얼마나 어려운 것인가를 몸에 익히게 하는 것인데 이를 위해서는 바로 자신의 회사에 입사시키는 것보다는 타사에서 수업을 시켜서 경영의 어려움을 경험하게 하여 강한 리더로서 자질을 기르는 것도 중요하다.

어느 시점에 후계자에게 경영권을 넘겨줄 것인가 이러한 결정은 너무나도 중요한 문제이다. 일반적으로 회사의 상황이 좋을 때가 좋다. 후계자에게 경영자의 자리를 위임했다고 해도 완전히 경영일선에서 손을 떼기보다는 자신의 풍부한 경험을 살려서 회장이나 고문으로서 후계자를 일정기간 후원하는 것도 좋은 방법일 것이다.

리더는 무한 책임과 의무가 있다

기업에서 경영자가 가지고 있는 힘은 권력이 아니라 경영인의 의무인 것이다. 권리라면 포기할 수도 있겠지만 의무는 자기 마음대로 가지고 버리는 것이 아니다.

영국의 철학자 흄의 말 중에 "의욕은 근면의 채찍이다"라는 말이 있다. 확실히 욕망은 인간을 움직이는 원동력임에 틀림없다. 경영자에게 회사를 성장시키겠다는 의욕과 욕심이 없다면 기업은 발전할 수 없다. 건전한 욕망은 인간을 향상시키기도 하지만 사소하고 쓸데없는 욕망은 인간을 망치기도 한다는 것을 명심해야 한다. 리더에게 요구되는 욕망은 눈앞의 개인적인 작은 욕망이 아니라 큰 꿈과 야망을 가지라는 것이다. 경영자라면 누구나 회사의 발전을 기원할 것이다. 만약 경영자가 이정도면 됐다고 만족한다면 그 회사는 그때부터 정체되어 더 이상 발전할 수 없다.

상대의 신의에 보답해야 이익을 창출 할 수 있다.

사업적인 관계라 하더라도 기본적인 원칙은 인간에 대한 믿음이다. 그 의미는 신용이야말로 무형의 재산이라는 것이다. 상호간에 신뢰관계가 없는 곳에서는 비즈니스가 성립되지 않는다.

사업의 성공과 실패는 최초의 종이 한 장 차이로 결정된다. 일단 시작하면 보조를 잘 맞추어 착실히 진행해 나가지 않으면 안된다. 마라톤에 비유해 보면 처음에는 2~3분 정도의 차이가 나지만 나중에는 몇 십 분의 차이로 벌어지는 것과 마찬가지다.

항상 상대의 입장에 서서 생각해 보고 싸고 좋은 물건을 만들려고 노력해야 한다. 그것으로부터 이익은 창출될 것이다.

멈추지 마라. 서있는 것은 퇴보를 의미 한다

인간은 어느 시점에서 "이정도 라면 됐다"라고 생각하고 만족하게 되면 그 이상의 것을 생각하지 않는다. 그렇기 때문에 항상 이정도로 좋은가라는 의문을 갖는 것은 사업을 하는 사람에게는 절대적으로 필요하다. '진보와 성장' 이라고 하는 것은 그러한 생각을 가짐으로써 비롯된다.

현대처럼 첨단 기술이 하루가 다르게 진보하는 시대에는 5년 후 10년 후를 생각하며 새로운 지식, 정보를 흡수하고 그것을 자기 것으로 만들려는 노력이 없으면 뒤쳐지게 된다.

항상 문제의식을 가지고 기업환경을 살피고 정보를 수집하여 그것을 어떻게 살려야 할 것인가를 생각하여야 한다.

누군가는 앞서가게 마련이고, 앞서가는 사람만이 경쟁에서 승리할 수 있는 것이다.

관리자는 부끄러움을 알고 명예를 존중하라

영국의 격언에 "명예는 한 순간에 잃어버리지만 그것을 회복하기에는 100년의 시간이 흘러도 힘들다"라는 말이 있다. 경영 일선의 최고경영자에게 명예라는 것은 이렇게 중요한 것이다. 나는 기업을 경영하는 최고경영자로서 중역들에게 책임과 신념 이상으로 우선 명예를 존중할 것을 요구하고 있다. 명예를 존중 하면 일에 대한 책임과 신념은 저절로 생겨난다. 더구나 명예를 존중하고 사심을 없애기 위해서는 자기를 부단히 연마하지 않으면 안 된다. 그것은 개인의 발전은 물론 기업의 발전에도 대단한 활력이 될 것이다.

인간은 높은 지위로 올라갈수록 무능해지는 경우가 있는데 평사원 때는 우수하던 사람이 중역이 되면 무능력자가 되어버리는 경우가 있다.

이는 첫째, 부하나 상사로부터 나쁜 소리를 듣지 않기 위해 무사안일한 생활을 하려는 경향이 있고 둘째, 지위가 높아지면 머리를 쓰지 않을 뿐만 아니라 부단한 자기계발을 게을리하게 되기 때문이다.

나는 과장이다. 나는 사장이다. 라는 명예를 각자가 존중하여 모든 사람이 노력하는 회사가 되어야 개인의 업적은 물론 회사의 업적도 신장될 수 있다. 남자는 40세가 되면 자신의 얼굴에 책임을 져야하며, 자기 얼굴에 먹칠을 하지 않도록 마음의 자세를 가다듬지 않으면 안 된다.

기업도 개인도 빈곤에서 탈피하라

"가난은 도둑질, 사랑은 노래"라는 속담이 있다. 가난하면 어쩔 수 없이 도둑질을 하게 되고 사랑을 하게 되면 저절로 노래를 부르게 된다. 인간은 극한상황에서는 어떠한 일도 할 수 있다는 의미이다. 국내의 기업들은 불황이 되면 재빨리 할인판매라는 안일한 마케팅 방법을 자주 쓴다. 이는 항상 가난한 나라의 빈곤 근성에서 벗어나지 못하고 있기 때문이다.

한국의 기업은 아직도 과거의 빈곤근성을 버리지 못하고 외국의 것을 모방하면서 경쟁국과 경쟁하려고 하는 안일한 경영철학을 가지고 있다. 한국도 이제는 잘 사는 나라가 된 만큼 적극적으로 기술개발에 투자하고 새로운 기술을 선진 외국에 주지 않으면 선진 외국에서도 우리에게 더이상 기술을 제공하지 않을 것이다.

국내 기업들이 세계시장에서 경쟁력을 확보하지 못하고 뒤쳐지는 것은 과거의 빈곤한 사상을 탈피하지 못한 데서 비롯되는데, 싸구려라도 좋으니까 외국에 무조건 상품만 많이 팔아서 외화만 벌면 된다는 짧은 생각 때문에 국제화를 달성하지 못하고 있다.

앞서가는 기업이 세계를 경영하고 미래를 지배할 수 있는 것이다. 세계화에 걸맞는 기업을 만들 수 있도록 최고경영자는 각고의 노력을 기울여야 한다.

겸허함이야 말로 사람을 강하게 한다

특별히 이렇다 할 신앙을 가지고 있지 않은 사람이라 할지라도 마음속에 의지하고 있는 대상과 믿음은 있기 마련이다. 행복을 영위하기 위해서는 물질뿐만 아니라 가족은 물론 여러 사람과 마음을 터놓을 수 있는 관계를 가질 필요가 있다. 맹자는 "측은한 마음은 인의 발단이다." 라고 가르치고 있다. 타인을 동정하는 측은함은 사람을 풍부하고 강하게 만든다.

물질만이 인간에게 행복을 주는 것은 아니다. 자기 주위의 모든 사람이 정신적으로 자신을 도와줄 수 있는 사회적 환경이 필요하며 특히 자기 자신의 겸허함이야말로 자신을 강하게 만들어 준다.

잘 노는 사람이 일도 잘한다

바빠서 여가를 낼 수 없다는 사람은 시간을 잘 이용하지 못하기 때문이다. 아무리 바빠도 일을 능숙하게 처리해가면 다소의 시간은 만들어 낼 수 있는 법이다. 취미생활이나 건전한 레크레이션은 기분을 새롭게 하고 발상의 전환을 도모하기 위해서도 꼭 필요하다.

또한 그러한 여가를 만들어 내기 위해 오히려 일을 효율적으로 처리하게 되는 것이다.

휴식은 인간에게 절대적으로 필요하다. 휴식중에 다음 일을 하기 위한 힘을 모아두지 않으면 안 된다. 이러한 휴식에는 육체적인 휴식과 정신적인 휴식의 두 가지가 있다. 그러나 정말로 피로를 느끼는 것은 정신적으로 피로할 때다. 휴식을 갖는다는 의미는 육체적인 휴식을 의미하기도 하지만 또한 이것은 정신스거 안정을 찾는 바로 정서적인 휴식을 의미하는 것이기도 하다.

인생에 설계도를 만들고 강력히 추진하라

삶에 대한 목적과 포부가 있으면 자신만의 설계와 계획을 갖게 되고 일상의 행동이 부지불식간에 목표를 향하게 된다. 사장이 되겠다는 꿈이 있는 사람이 사장이 될 수 있는 이유는 뚜렷한 목적이 있는 사람만이 구체적인 계획을 세우게 되고 목적을 이루기 위해서 향일성을 가지고 과감히 행동하기 때문이다. 보통 사람들은 직장에서 자신의 업무에 임하게 되면 자신의 몸을 판다는 피해 의식이 강하기 때문에 돈을 벌기 위해서 아침부터 저녁까지 싫지만 일하지 않으면 안 된다는 자조섞인 불만을 갖게 된다. 그러나 사장이 되려는 사람은 반대로 자신의 일을 성취하는 것이 사장이 되는 길이기 때문에 지금 아무리 괴롭고 힘들어도 이것은 나의 장래를 위해서 유익한 것이라는 기분으로 즐겁게 일을 처리할 수가 있는 것이다.

주주에게 배당을 할 수 없는 경영자는 급료를 반환하라

경영자가 자신이 경영하는 회사의 주식을 갖는 것은 경영에 대한 책임을 지는 것을 의미한다. 자신은 주식도 갖지 않은 채 적자경영으로 주주에게 배당도 할 수 없는 상황에서도 사장 자신은 사장 권한으로 급료를 많이 받고 막대한 경비를 지출한다. 이러한 행위는 회사를 망치는 매사 행위로밖에 볼 수 없다. 무배당회사의 경영자는 자신의 자리를 내놓을 정도로 각오를 새롭게 하고 더욱 분발하지 않으면 안 된다.

경영자 스스로가 대주주가 되면 판공비등 회사 경비가 자연히 절약된다. 회사로부터 나가는 돈이 실제로 자기의 지갑에서 나가는 것과 다름이 없기 때문이다. 어려울 때일수록 절박한 위기 의식과 투철한 책임감을 가지고 사장은 회사경영을 해나가야 하는 것이다.

필요한 것은 비싸도 팔린다

신상품개발은 최초이든가 아니면 최후가 좋다. 타사제품을 모방하여 2차 3차적인 것을 만들어서는 성공하기가 힘들다.

예를 들어 소니 사의 '워크맨' 같이 독창적으로 개발한 제품은 타사가 모방품을 만들어 쫓아올 때까지 시장을 독점할 수 있었다. 역으로 최후로 타사제품의 결점을 보완하여 개량제품을 만드는 것도 좋은 방법이다. 그러나 두 번째나 세 번째로 모방품을 내는 것은 좋은 마케팅 방법이라 볼 수 없다.

사원의 건강관리는 경영의 전제조건이다

건강이야말로 일을 하기 위한 전제조건이다. 몸이 아프다면 일에 대한 의욕도 생기지 않겠지만 설사 아무리 의욕적인 사람이라 할지라도 몸이 건강하지 못한 사람은 향일성을 가지고 일을 추진할 수가 없다. 뿐만 아니라 회사 자체가 병들어 있을 때는 사원의 건강도 나빠져 있는 경우가 많은 것 같다. 경영자는 사원 한사람 한사람의 건강관리에 눈을 돌리지 않으면 실제로 생산성 향상을 지향한다고 말할 수 없다.

사원의 건강은 회사의 재산인 것이다.

그날 일을 먼저 마치면 빨리 귀가 할 수 있도록 하는 것은 명령이나 강제규정 없이 스스로 일을 하게하는 의욕을 일으키고 생산성 향상을 위한 연구를 하도록 만든다.

공사를 혼동하여 사리를 채우면 회사를 망친다

회사를 망치는 경영자가 가지고 있는 공통점은 공사의 구별이 없다는 점이다. 이는 회사라는 사회적인 존재의의를 경영자가 인식하고 있지 않기 때문인데, 이런 경영자는 회사를 마치 자기 개인의 것인 양 착각하고 있다. 경영자가 그렇게 하면 사원들도 그대로 배운다.

내가 보았던 도산회사의 대부분이 사장 혹은 임원들이 공사를 구분하지 않은 케이스다. 예를 들면 H기업에서는 사장이 총무부장과 짜고 자기 아들의 결혼식 비용을 회사의 창립기념일과 파티비용으로 쓴 것처럼 하여 회사공금을 유용한 일이 있었다. 또 어느 회사에서는 자동차 임대료가 한달에 450만원이나 들었다고 하는데 회사상용차가 있는데 이상하다고 생각해서 조사해 보니 사장의 부인이 백화점에 쇼핑을 갈 때 사용한 것이었다.

소규모 개인상점과 같은 가족회사에서는 절세의 의미에서 다

소 공사를 혼동하는 경우도 없지 않지만 상장회사에서는 절대로
그렇게 해서는 안 된다.

특히 사장이 자기의 개인회사를 자회사로 만들어 사리를 채우
는 도구로 하려는 경우는 매우 우려할 만한 상황으로 이런 회사
는 우선적으로 망할 가능성이 크다.

돌다리 위에 철교를 세워놓고 건너는 신중함이 필요하다

경영자는 기업의 지도자인만큼 어떠한 방향으로 가닥을 잡느
냐에 따라 기업의 경영 방침이 달라지기 때문에 이에 대한 결정
은 신중을 기하지 않으면 안 된다. 매출이 조금 올랐다 하여 방
심을 하다가는 한순간에 이익은 물거품이 되어 사라져 버리기
때문이다. 경영자는 아무리 신중을 기해도 지나치지 않는다. 돌
다리위에 철교를 세우고 건널 정도의 신중함을 보이는 것이 경
영자에게는 필요하다.

경영자 중에는 반교양주의적 자세를 취하면서 단지 이익만을
내기만 하면 된다는 사람도 있는데 그것은 기업의 사회성을 전
혀 생각하지 못한 위험한 생각이다. 수요자의 필요는 끊임없이
바뀌기 때문에 그러한 경영자는 아차 하는 사이에 시대의 흐름
을 읽어내지 못하고 뒤떨어지게 된다. 수요자의 필요에 따라 쫓

아가는 것이 아니고 오히려 수요자의 필요를 먼저 읽고 앞서나
가는 마케팅을 전개해야 한다.

사소한 것까지 아끼는 근검절약을 몸소 실천하라

일본의 초우량기업인 도요타 자동차의 사무소에는 휴지통이
두 종류가 있다는 애기를 들은 적이 있다. 하나는 재생 가능한
휴지를 버리는 것이고 또 하나는 재생할 수 없는 휴지를 버리는
것이라 한다. 매년 수 조 엔의 매출을 올리는 기업으로서 이와
같은 절약을 하여 과연 얼마나 아낄 수 있는지는 알 수 없지만,
사원의 의식을 높이는 정신운동의 효과는 충분할 것이다.

이와 같이 사소한 것을 절약하는 근검 정신은 비용을 절감하
는 데도 대단히 효과적이다. 자원을 아끼는 것이야말로 사업의
시작이 될 수 있고 이런 근검절약하는 경영자의 자세는 나중에
크게 사업을 번창시킬 수 있는 작은 계기가 될 수 있다. 들어오
는 이익을 일조일석에 늘릴 수는 없지만 나가는 비용을 절약하
는 것은 곧바로 실행에 옮길 수 있으며 그것은 곧 이익으로 연결
된다.

낭비를 없앤다, 돈이 나가는 것을 통제한다, 이것은 모든 기업
의 경영철학의 첫째 포인트이어야 한다. 기업이라는 것은 원래
적자를 내서는 존속할 수 없다. 어떻게든지 계속해서 이익을 내

야만 한다. 기업이 적자가 나는 것은 농부가 내년에 뿌릴 씨를 지금 먹을 것이 없다고 하여 먹어치워 버리는 것과 같다.

부하를 야단칠 때는 공과사를 구분하라

업무라는 공적인 측면에서는 지나치다는 생각이 들 정도로 엄격한 것이 좋다. 회사 안에서는 자기의 형제든 자식이든 공사를 확실히 구별하지 않으면 안 된다. 때문에 부하의 나쁜 버릇을 고쳐줄 때에는 호되게 야단을 쳐야 한다. 예를 들면 부하사원이 전표의 숫자를 잘못읽기 쉽게 썼다거나 문맥이 통하지 않는 문장을 쓴 것을 보면 철저하게 고쳐주어야 한다.

사람을 어떻게 다스릴 것인가 하는 문제는 경영자의 리더십과도 밀접한 관련이 있는 문제로서 업종이나, 업태에 따라 또는 인원구성, 환경 등에 따라 다를 수 있기 때문에 이것을 일괄적으로 구분지어 말할 수는 없다. 결국은 여러 가지 체험을 거듭하면서 자기 나름의 독자적인 경영자로서의 매니지먼트를 몸에 익혀두지 않으면 안 된다.

내가 문제라고 생각하는 것은 온정주의라든가 자기는 사람을 소중히 여기니까 잔소리를 하거나 야단을 치지 않는다고 하는 경영자나 상사다. 이것은 온정주의도 아무것도 아니다. 오히려 부하를 바보로 만드는 무능한 상사의 죄악인 것이다.

때로는 임기응변의 처세로 상황을 극복하라

"논어만 읽으면 논어밖에 모른다는 말이 있다." 책을 읽어 이 해하는 것으로만 그치고 이것을 실행에 옮기지 못하는 인간을 두고 하는 말이다. 지식에만 구애받은 나머지 유연한 발상을 하지 못하면 경영자로서는 자격이 없다.

1대에 회사를 세워 성공한 경영자 중에는 얼마 전 작고하신 H사의 정 회장처럼 대학을 나오지 않은 사람이 많다. 대학은커녕 초등학교도 겨우 나왔을 정도의 학력이 전부인 사람이 많다. 이 것은 학력이 높다고 해서 일류경영자가 된다는 것이 아니라는 것을 말해 준다. 경우에 따라서는 대학에서 배운 학문이 기업을 경영하는데 오히려 현실에서는 장애가 되는 경우도 있다. 대학이라는 것은 바둑으로 말하면 정석을 가르치는 곳이다. 정석이란 틀림없이 이기는 수이다. 그러나 정석만을 기억하고 있으면 창의력에 장애를 받아 상대가 정석 이외의 묘수를 쓰면 궁지에 몰릴 수밖에 없다. 즉 정석에만 익숙한 경영자는 다양한 상황이 전개되는 경영일선에서 적절한 임기응변의 수를 쓰지 못한다. 세상은 빠른 속도로 변화하고 있고 기업 환경은 날이 다르게 변화하고 있다. 새로운 시장상황이 점차 넓게 전개되고 있는 현실에서 고지식한 정석의 대응은 별로 도움이 되지 못하는 경우가 많다. 오늘날과 같이 변화가 심한 시대의 경영자는 때로는 임기응변의 지혜를 가지고 발상의 전환을 하지 않으면 시대에 뒤떨어지질 수 있다는 사실을 깨달아야 한다.

경영환경의 변화를 보라

견고한 제방이 한낱 개미가 뚫은 작은 구멍에 의해서 파괴된 다는 말이 있듯이, 기업도 경영을 책임지고 있는 리더의 작은 부 주의 때문에 문제가 발생하여 경쟁력을 상실하고 심지어 도산에 까지 이르는 수가 있다. 경영책임자는 기업 환경의 작은 변화까 지도 항시 주의 깊게 살필 줄 알아야 한다.

경영자가 세심하게 주변을 살피지 못하고 태만하게 되면 그 기업조직은 미래에 대한 맹목에 빠지게 된다. 경영자가 현장의 현실을 제대로 파악하지 못하는 것은 경영자와 현장과의 사이를 부장이나 과장이 차단하기 때문이다. 부장이나, 과장이라고 하 는 구름이 두껍게 깔려 경영자가 모르는 사이에 경영을 파악하 지 못하는 경우가 종종 있는 것이 사실이다.

구름 낀 날에는 태양이 구름 위에서만 찬란히 빛나듯이 사장 이 아무리 뛰어나고 훌륭한 생각을 하고 있다고 해도 중간관리 자들이 정확하게 판단해서 부하에게 전달하지 않으면 상의하달, 부의상달이 되지 않는데 이것이야말로 경영자의 눈과 귀를 멀게 하여 회사를 망하게 만드는 지름길인 것이다.

기업의 경영자는 물론이고 부장 과장의 중간 간부 사원들은 이러한 문제를 방지하기 위해서 철저한 책임의식과 관리자 의식이 필요하다.

노조에 대해 의연한 태도로 임하라

옛날과는 다르게 현대의 기업경영에 있어서는 노동조합의 문제는 경영에 있어서 매우 중요한 의미를 지니고 있는데, 노사간에 합리적이고 철저한 대화를 통해서 서로 이해하는 것이 가장 중요하다고 할 수 있다. 노동조합이 없거나, 있어도 유명무실한 회사는 기업발전에 마이너스요인이 되는 것이 현실이다. 이는 노조가 없을 경우 경영과 자본의 횡포가 만연하게 되고 이는 기업의 건전한 발전을 막기 때문이다. 그러나 강하면서도 합리적인 노조는 기업의 발전에 긍정적으로 기여하는 게 사실이지만 자체 통제력이 없으면 곤란하다.

기업의 경영책임자는 노조와 원만한 관계를 항시 유지하여 기업 경영에 활용하여야 한다.

리더로서 노조에 언제나 의연하게 대처하라는 말이다.

불가능하다는 선입관은 버려라

망한 회사를 다시 일으키는 데는 특별한 비법이 있는 것은 아니다. 에밀 졸라의 말처럼 인간의 힘은 위대하기 때문에 하고자하는 마음만 있으면 무한하게 자신의 능력을 발휘할 수 있다. 인간은 주어진 상황에 적응하는 의외의 힘을 발휘하는 잠재적인 능력을 가지고 있기 때문이다. 인간은 자신의 뇌세포 중에 겨우 10%만을 사용하게 되고 나머지 90%는 잠자고 있다고 하는데 이를 적당히 자극하고 개발하면 상상외의 놀라운 아이디어가 나올 수 있다고 한다.

어느 정도 경영에 경험을 쌓아갈 때 힘들고 어려운 문제에 부딪치게 되면 자신의 능력에 한계를 느끼게 되고 더 이상 불가능하다는 선입관과 함께 자포자기의 마음을 가지기 쉽다.

그러나 인간의 능력에 대한 무한한 신뢰와 확신을 가진다면 그리고 하면 된다는 자신감을 가지고 어려움을 극복한다면 어려움에 처한 회사일지라도 능히 살려낼 수 있을 것이다.

조직의 부패를 막아라

어느 심리학자의 설에 의하면 인간은 원래 성실하지 못한 X형과 성실하고 책임감이 강한 Y형의 인간이 있는데, 어느 조직이든지 처음부터 Y형의 인간만 모이면 좋다고 한다. 그러나 사람 사는 세상에 선량하고 착한 사람만 모일 수는 없는 법 어떤 시각으로 보면 오히려 X형의 인간을 교육시켜 Y형의 인간으로 바꾸는 것이 보람 있는 일인지도 모른다. 기업조직의 입장에서 보면 개인의 부패가 있을 수 있고 한층 더 나아가서 조직적인 조직의 부패가 있을 수 있다. 사실 한사람이라도 탈선과 부패가 있을 경우 그가 속한 전체 조직이 물들기 마련이다. 그의 영향을 받아 다른 사람들도 회사 발전을 위해서 자신의 능력을 발휘하는 것이 아니라 엉뚱한 쪽으로만 정신을 집중하게 되기 때문이다.

그런데 이러한 인간이 나오는 이유는 개인적 성향도 물론 문제가 되지만 사내 파벌이 큰 이유가 되기도 한다. 사내 파벌의 견제와 알력이 심할 경우 상호 잘못을 눈감아주는 일이 있기 때문에 조직적으로 부패하게 되는 원인이 되기도 하는 것이다. 경영자는 항상 파벌이 발생하지 않도록 주의하고 부하를 엄하게 교육시키는 분위기를 만들어가야 한다.

기업을 부패시키는 요인으로는 직원의 입장에서 보면 열악한 처우와 불확실한 미래에 대한 불안감 때문에 그럴 수도 있다고 생각한다. 따라서 경영자는 직원들에게 미래에 대한 확신을 가질 수 있도록 처우를 개선하여주고 비전을 제시해 주어야 한다. 예를 들면 퇴직 후 회사 창업을 지원해 주고 일거리를 주어 하청을 시키면 직원들은 자기들의 일이기 때문에 열심히 하지 않을 수 없으며, 그들은 보람도 느끼고 회사를 자신의 회사처럼 여기고 열심히 일을 하게 될 것이다.

임원 혹은 간부의 자질이 문제다

"건강은 건강할 때 지켜야한다"는 말이 있다. 병에 걸린 후에는 병을 치료하는 데 많은 노력과 돈이 든다. 예방이 치료보다 중요한 것은 기업에 있어서도 마찬가지다. 위기에 빠지기 전에 그 문제점을 알아차리고 만반의 대책을 세우는 것이 효과적이다. 높은 자리에 있는 사람일수록 자기 자신을 과신해서는 안 된다. 항상 아래 사람의 말에 귀 기울이고 간부로서 언제나 겸허한 자세로써 그들의 의견을 받아들일 수 있어야 한다. 또한 간부로서 자신의 상사에게 회사를 위해 진언할 때에는 끝까지 자기 의지를 관철할 수 있어야 한다. 회사가 위기에 처했을 때 임원 혹은 간부들의 역할은 평상시보다 훨씬 중요하다. 때로는 위기상황에서 간부들끼리 반목이 심한 경우가 발생하게 되고 이때 정작 떠나야할 사람은 머무르게 되고 우수한 인재들이 회사를 떠나는 수가 생긴다. 평소에 사장은 부하의 능력과 품성을 정확히 체크하고 파악해야하며 신뢰할 수 있는 직원들은 확실히 알고 있어야 한다.

회사의 흥망성쇠는 결국 임원들의 능력에 달려 있는 것이다.

역경을 도약의 발판으로 삼아라

　영국의 속담에 "좋은 시절은 운이 좋은 사람을 시험하고 어려운 시절은 위인을 단련한다." 라는 말이 있다. 요즈음과 같이 저금리 저 성장이 계속되고 있고, 또 앞을 내다보기 힘든 불황이 계속되는 어려운 때일수록, 낙담하기 보다는 성장의 발판으로 삼아 도약할 수 있는 기회로 삼아야 한다. 항상 위기감을 가지고 경영을 해나가면 시련에 부딪히더라도 결코 위기에 빠지는 일은 없을 것이다. 불경기일수록 적극적으로 비용절감을 위한 합리적인 투자를 해나가야 한다. 불경기 때 설비투자를 하고 경기가 좋아질 때를 기다린다는 것은 당연한 일이다. 불경기 때는 기계 설비를 싸게 구입할 수 있고 경기가 좋아지면 값이 올라갈 것이며 경기가 풀리면서 정점에 이르게 되면 많은 이익을 창출해낼 수 있을 것이다. 이런 경영은 경영자의 선견성에 의해서 이루어지지만 불경기일 때는 대체로 공격적 경영을 해가면 틀림없으며, '하면 된다' 는 강한 자신감을 가지고 추진하는 것이 무엇보다 중요하다고 할 수 있다.

리더십은 경쟁에 대한 책임과 신념이다

능력있는 리더만이 회사를 살린다

최고경영자의 자리는 논공행상에 의해서 결정되는 것이 결코 아니다. 사장은 회사조직에서 최고 지휘자의 위치에 있으며 최고의 책임을 안고 있는 자리이다. 따라서 사장은 기업조직을 이루고 있는 수많은 임직원의 장이기도 하다. 사장은 기업의 최고

리더로서, 기업을 발전시키고 사회에 기여할 수 있도록 기업을 이끌어 가야한다.

기업의 목표는 이윤추구이므로 기업이 존속하기 위해서는 물론 이윤추구가 불가결하겠지만 기업이 존재해야 하는 본질적 가치는 사회의 발전에 공헌하는 데 있다고 볼 수 있다. 기업은 사람과 땅과 돈과 자재 등 기업 활동에 필요한 자원들을 사회로부터 공급받는다고 할 수 있다. 기업은 이러한 인적, 물적자원들을 가장 잘 활용하여 기업을 발전시킬 수 있도록 경영활동을 해나가는 것이다. 기업은 경영활동의 성과를 세금으로 사회에 환원하게 되고 그 나머지를 이윤으로 축적하여 기업발전의 지원으로 쓴다. 이런 과정을 통해서 기업은 커지고, 그에 따라 국민과 국가는 풍성해진다. 이것이 사업보국이 아니겠는가.

이와 같은 기업의 존재가치를 실현해 가는 데 필요한 모든 일의 추진자가 사장이다.

사장은 먼저 국가관이 투철해서 애국애족의 일선에 서 있다는 신념이 확립되어 있어야 한다. 국가사회는 비단 경제뿐만 아니라, 정치, 군사, 사회, 문화 등, 각 분야의 서열화 된 활동에 의해서 구성된다. 그 중에서 기업과 기업가는 사회의 기반인 경제활동을 주체적으로 담당함으로써 국가의 존립과 번영에 공헌하는 것이다.

둘째, 사장은 자기기업의 경쟁력이 국내외의 어떤 기업의 그 것보다도 우위에 있도록 새로운 기술의 혁신에 앞장서야하고,

새로운 시장의 개척자가 되어야 하며, 국내외시장의 점유율을 높일 수 있도록 힘을 다해야 한다.

기업은 경쟁력이 떨어지거나, 시장점유율이 낮아지면, 기업으로서의 구실을 제대로 할 수 없다. 기업이 제공하는 재화나 서비스의 질이 나빠지고, 그 값이 비싸지게 되면 그 피해는 전적으로 국민과 국가가 입게 된다.

그 반대의 경우에는 그 이익은 국민과 국가전체의 것이 된다.

기업이 쇠퇴하여 적자나 도산을 겪게 되면 그 부담은 전부 국민경제와 국가경제의 악화로 이어지기 때문에 사회적 공익적 측면에서보자면 적자, 도산기업은 사회악이며 그 기업의 최고 경영자인 사장은 죄인의 허물을 면할 길이 없다.

셋째, 사장은 기업을 구성하는 사원들의 최고리더이다. 사장이 사원들의 정신과 능력을 기업발전을 위해서 하나의 역량으로 통합하지 못하면 그 기업은 크게 성장할 수 없으며 결국 사세가 기울어지게 될 수밖에 없다.

기업은 사원들에게 물심양면의 만족을 주어야만 그들의 헌신적인 공헌을 기대할 수 있다. 사원들을 만족시킬 수 있는 대우와 근로 조건, 정신적 환경들을 사장은 기업의 최고 리더로서 항상 고민하고 연구해야 한다.

이에 대한 대응과 배려를 못하는 사장이라면 진정한 리더로서의 자격이 없다.

인촌제일(人村第一) 인간본립(人間本立)의 이념이 관철되어야 한다.

기업조직이란 사원 한 사람 한 사람의 능력이 가장 효과적으로 발휘될 수 있을 때 가장 발전할 수 있을 것이다. 합리적인 일의 분담과 연결을 위해서 사장은 직원들의 능력에 맞게, 적재적소에 직원들을 배치해야 한다.

적재적소의 인사배치를 할 수 있는 인사관리능력에 결함이 있다면 사장으로서의 역량에 문제가 있는 것이다. 사원 모두가 회사에서 자기실현의 기쁨과 보람을 느낄 때에만 사원의 능력은 극대화되고 회사는 활기에 넘치게 된다.

넷째, 사장은 기업의 이념과 목표의 설정자인 동시에 그 추진자이며, 실현자이다. 확고한 가치관위에 기업이념을 세우고, 지혜로운 장단기목표를 설정하여 사회적 유기체로서의 기업의 갈길을 제시해야 한다. 최고경영자의 기업이념이 흔들리게 되면 밑에 직원들도 우왕좌왕하게 되고 결국 그 기업은 망하는 길 외에 딴 길이란 있을 수 없다.

일단 세워진 목표에 대해서 기업의 온 힘을 결집시키는 것이 사장의 리더십이다. 사장으로서의 용기와 책임과 통솔력에 약간의 흐트러짐이라도 있다면, 기업의 역량은 분산되고 끝내는 와해되는 아픔을 겪게 될 것이다. 기업의 사장은 모든 것을 두루 갖춘 슈퍼맨이 되어야 한다. 흔히 사람들은 역사 속의 위대한 인물들을 지장, 덕장, 용장 등으로 평가하지만 이 모든 장점을 다 가지고 있는 사람을 우리는 명장이라 일컫는다 지금처럼 경제

여건이 힘들고 어려운 때에 명장이 아니고서는 기업의 최고경영자의 역할을 제대로 이루어 낼 수 없다.

　명장이 될 수 있는 큰 그릇이 그리 흔할 수는 없다. 그러나 사람이 할 수 있는 것은, 명장이 될 수 있도록 최선을 다하는 것이다. 사장은 자기수련에 부족함이 없도록 하여야 하며, 자신의 부족함을 보완할 수 있도록 유능하고 현명한 참모들을 주위에 두어야 한다.

　사장의 사회와 기업에 대한 책임 못지않게 사장에게 요구되는 조건들도 준엄하다. 인간으로서의 조건, 능력상의 조건, 경영실적상의 조건 등 매우 많은 조건들이 있지만 그들을 일일이 다 들수도 없고, 들 필요도 없다. 왜냐하면 사장에게는 앞서 이야기한 대로 만지만능의 능력이 요구되기 때문이다. 그러나 그 모든 덕목과 능력은, 결국 그 원천이 인격과 도덕성에 있기 때문에, 사장은 무엇보다도 인간적인 매력을 갖추고 있어야 한다.

　인간적인 영향력 없이는 수많은 임직원과, 거래처와, 이해집단을 이끌어 갈 수 없다. 상품보다는 기업 이미지가 사회의 신뢰를 높일 수 있는 것이며, 그 기업의 이미지는 사장의 인격에 의해서 형성된다. 사장이 임직원의 인격적인 존경을 받지 못하고서는, 기업이라는 큰 오케스트라를 총지휘하기가 어렵다.

　인격은 도덕의 입법자라고도 한다. 사장에게 요구되는 도덕성의 원천은 바로 사장의 인격이다. 사회와 기업간의 이념상의 조화는 물론, 기업경영에서 사장에게 요구되는 의욕, 창조성, 용기, 공정성, 책임감, 열정, 솔선수범 등의 덕망은 모두 사장의 인격에서 우러나오는 것이라 할 수 있다.

인간행위의 원천은 도덕성이며, 인간이 인간으로서 완성된다는 것은 결국 인간의 도덕적 완성을 뜻한다. 때문에 인간으로서 기업의 최고경영자인 사장은 도덕적 가치의 추구에 있어서, 또는 덕을 베푸는 데 있어서, 그 누구보다도 완벽한 지고지순함과 고매함이 있어야 한다.

돈 벌어서 축재하고 경제적인 호강이나 누리고자 한다거나 개인의 일신이나 가족의 영화를 생의 보람으로 한다면 그런 사람은 사장이 될 자격이 없다. 기업의 리더로서 최정상의 자리에 있는 사장은 사원들과 거래처의 생활을 책임져야하고, 기업 활동을 통해서 사회적 책임을 다하고 더 나아가서 국민과 인류의 행복증진에 공헌해야 한다.

이러한 기업의 이념과 목적은 사장에게 끊임없는 창조와 혁신을 요구한다. 쉴 새 없이 신제품을 개발하고 새로운 시장을 개척해야 되고, 이를 위해서 새 기술을 도입하고 이에 맞는 새로운 생산체계와 새로운 경영조직을 도입해야 한다.

지속적인 창조적 노력 없이는 기업은 존속할 수 없으며 사장은 정상의 자리를 유지할 수 없다. 혁신적 기업가가 되지 못하는 사장은 그 자질이나 도덕성에 있어서 사장의 그릇이 못되는 것이다.

이러한 기업가 정신은 지혜로운 실천에 의해서만 기업경영에 실현될 수 있다.

판단력, 결단력, 선견력, 추진력 등의 능력이 빛을 발하게 되는 것도 사장의 지혜로움에 의해서라고 볼 수 있다. 이러한 지혜는 지식이나 경험만으로 얻어지는 것이 아니다. 천부적인 자질 위에 지식과 경험이 축적되어야 비로소 얻어질 수 있는 것이다.

지혜란 생을 성실하게 살아온 인간만이 얻을 수 있는 인간 정신의 정수이다. 지혜는 직관을 낳는다. 조사와 분석과 평가의 절차를 훨씬 뛰어 넘는 직관이 없이는 사장은 그 구실을 할 수 없다. 왜냐하면 사장에게 요구되는 것은 전방위 사고이고 전방위 행동이기 때문이다.

지혜를 체득하기 위하여 사장은 인생을 도장으로 알고 자기수련에 여념이 없어야 한다. 언제 어디서나 자신을 연마해야 한다. 천일의 연마를 탁이라 하고 만일의 연마를 연이라 한다 했다 무한수련의 길이 바로 사장의 인생행로이다. 기업경영이 인간수련의 장임은 물론이지만, 기업경영 이전의, 또는 그 이상의 세계도 사장은 알아야 한다. 신앙의 세계, 철학의 세계, 사회와 자연의 세계, 예술의 세계 등, 인생은 넓고 깊고 한이 없다. 이러한 심오한 인간세계가 하나의 인격으로 통일될 때에 지혜는 저절로 얻어진다.

기업의 흥망은 사장에게 달려 있다. 자금이나 시설이나 인력 등을 기업발전을 위하여 얼마만큼 효과적으로 운용하느냐 하는 것은 전적으로 사장의 능력 여하에 달려 있다. 사장의 능력이 미치지 못하면 경영자원이 제아무리 풍부해도 기업발전에 그것이 이용될 수 없다. 사장의 리더십, 사장의 능력, 이것이 기업흥망의 열쇠이다.

구미의 기업사는 170년, 일본의 그것은 120년을 헤아린다. 그동안 기술혁신에 따라 각국의 주력업종과 각국의 주도기업들은 그간의 역사적 변혁을 능히 흡수하고 그것을 극복하여 현재에도 건재하다. 이것이 그들 번영의 기초이고 그들 문명의 자랑이다.

우리는 어떠한가, 해방이후 고작 50년에 불과하지만, 해방전후에 있었던 기업으로서 오늘에도 그대로 그 존속이 유지되고 있는 것은 세 손가락을 넘지 못한다. 그 원인은 무엇일까 그리고 이러한 기업생명의 단명이 가져오는 국가적인 손익은 어떠할까, 정치의 불안정, 사회의 혼란, 사회의식의 낙후 등도 이유는 될 것이다. 그러나 그러한 모든 것을 극복하면서, 기업을 발전시킬 수 있는 기업가다운 기업가, 사장다운 사장이 드물었던 것이 근복적인 원인일 것이다. 기업의 영생, 따라서 국가사회의 지속적인 번영을 가능케 하는 것은 바로 기업가, 사장인 것이다. 사장은 역사진운의 주역이라는 자의식을 견지해야 한다.

진정한 리더는 타인의 장점 발견자이다(부하를 키워내는 리더십)

당신은 누구를 키워냈는가?

이 질문에 대한 대답은 리더로서의 자질에 대한 평가와 직결된다. 미국의 기업에서는 재직중 자신의 후계자를 기르는 것이 조직내 구성원들의 최대의 의무라고 말하기도 한다. 물론 부하직원들 중에는 각양각색의 사람들이 다 존재할 것이다. 사람은 누구나 학교를 졸업한 후 회사에 처음 들어갔을 때에는 선배들에 의해서 키워지게 되고 어느 정도 세월이 흐른 후에는 자신의 사람을 키우는 입장이 된다. 즉 사람을 키운다는 것은 직장인이라면 모든 사람이 다 경험하게 되는 일이고 그러한 과정을 겪으면서 사람은 성장하고 또 인간 상호간에 강한 유대감을 형성하기도 한다. 자신의 부하를 키울 때 무엇보다 중요한 것은 남을 돕겠다는 마음가짐을 갖는 것이다. 언제나 자기 자신만의 입장을 생각하는 사람은 사회 속에서 고립되게 마련이며, 사람을 길러내는 일을 단지 자신의 세력과 영향력을 넓히기 위한 것으로 여기면 그것은 올바른 리더의 자세가 아니다.

키운다는 것은 무상의 행위이다. 훗날 보상받을 것을 기대해서도 안 되고 또 뜻대로 되지 않는다고 짜증을 내서도 안 된다. 자신의 행위가 상대에게 도움이 될 수 있도록 최선을 다해야하고 그런 모습을 온 몸으로 보여준 다음 그 사람의 성장을 진심으로 기원해야 한다.

무조건 일을 맡겨서 키운다는 방식을 쓰면 실패는 거의 확실하다

신입사원에게는 모범을 보여라

학교를 막 졸업하고 새로 직장에 들어온 사람은 무엇보다 우선 따뜻하게 맞이해야 한다. 신입사원은 학교와는 전혀 다른 생소한 환경에 적응해야 하기 때문에 일정기간 문화적, 환경적인 적응기간이 필요할 것이다. 우선 불안감을 해소시켜야 한다. 신입사원이 자신의 보조역으로 배치되었을 때 꼭 해야 할 일은 다음 세 가지 이다.

첫째 신입사원에게 넘겨줄 일은 손을 잡고 가르치듯이 할 것 즉, 할 수 있는 정도의 일이니까 적당히 알아서 해 보도록 방치하지 말고 스스로 해 보임으로써 신입사원이 배울 수 있도록 하는 것이 좋다. 우선 먼저 스스로 그 일을 해 보이고 상대의 질문에 응한다. 다음에는 상대에게 시켜보아서 잘 관찰한 후 잘된 점은 칭찬하고 고쳐야 할 점은 지적해 준다.

그런 후에 확실하게 일을 맡길 수 있는 단계가 되면 일을 맡기는 것이 좋다.

왜냐하면 지금까지 다른 사람의 경험에서 얻어진 일의 순서나 처리방법을 처음부터 익히게 하는 것이 가장 능률적이기 때문이다. 경험으로부터 가르침을 받아야 본인도 빨리 일에 익숙해지고 자신감이 생겨서 일의 재미를 느낄 수 있기 때문이다. 두 번째는 신입사원의 행동의 문제점을 지적하고 교정해 주는 일이다. 예를 들면 업무지시를 받았을 때 그 일을 지시한 상사가 그 일은 어떻게 됐습니까? 하고 일의 진행상황을 체크하기 전에 먼저 보고하는 습관을 길러주도록 한다. 또 다른 업무의 협조에도 소홀하지 않도록 주의를 주고 약속 시간을 지키는 일, 손님을 접대하는 일 등에 대한 교육을 철저히 시켜야 한다. 기본적으로 이런 일을 깔끔하게 처리하지 못하게 되면 주위에서 싫어하여 고립되는 경우가 생길 수 있고 신입사원은 일에 흥미를 잃게 될 것이다. 잘못하는 일에 대해서는 고칠 때까지 몇 번이고 끈기 있게 되풀이해서 주의를 준다.

세 번째로는 상사는 때로는 신입사원의 개인적인 신상 상담상대가 돼주어야 한다. 처음에는 업무에 적응하지 못해 갈등과 스트레스가 많이 쌓이게 되고 젊은 시절에는 개인적인 고민도 많은 시절이므로 가끔 술이라도 한 잔 같이 나누며 허심탄회하게 이야기 하면서 상대의 심정을 이해해 주고 충고할 것은 충고해 준다.

중견관리직 여사원을 키우는방법

여자는 안 된다는 낡은 의식을 버리고 점차적으로 고도의 능력이 필요한 일을 맡겨서 도전의식을 키워라

여성사원의 경우 신입사원과 어느 정도 경력을 쌓은 사원과는 길러내는 방법이 다르다. 신입사원일 때는 앞서 말 한 방법대로 대처하면 된다.

근무경력이 다소 있는 중견사원이나 관리직 여성은 우선 지금 담당하고 있는 일을 정확히 그리고 신속하게 해내고 있는가를 점검해 보고, 무리 없이 업무를 진행하고 있다면 지금까지 시켜

보지 않았던 좀더 고도의 전문성이 필요한 일거리를 맡겨 본다. 그런 다음 그 일을 개선해나가고 새로운 제안을 해 보도록 권유하고 적극 도와주도록 한다. 여성들도 남성과 마찬가지로 대개 1년 간격으로 점차 고도의 능력을 필요로 하는 업무를 맡겨나가는 것이 바람직하다. 그렇게 했을 경우 일에 따라 다르긴 하지만 여성도 남성과 같은 능력을 충분히 발휘할 수 있다. 하지만 아직도 남성들 가운데에는 이것은 남성이 할 일, 저것은 여성이 할 일 이라는 식의 고정관념을 지닌 사람이 많아서 여성들은 입사 후 아무리 세월이 흘러도 단순한 업무를 반복하게 되는 것이 보통이다. 이런 식의 관리로는 남자직원이든 여자직원이든 업무능력이 향상될 리가 없다. 자기의 부하이거나 후배인 여성들로부터는 적어도 일년에 한번 정도는 희망을 들어보아 보다 전문적이고 창의적인 직무를 마련해 주고 차근히 그 일에 적응할 수 있도록 하는 것이 가장 좋은 방법이다. 여성을 키우려고 할 때, 여성들의 문제는 자신의 능력을 발휘하지 못하는 것을 회사나 관리자의 탓으로 또는 남성의 탓으로 돌리는 것이다. 물론 여성의 입장에서 보면 남성위주의 사회나 조직이 매우 불합리에 보일 수 있다는 것은 이해한다. 하지만 불합리한 구조 때문에 부당한 대우를 받는다하더라도 그러한 상황까지도 자신의 힘으로 바꾸려는 노력이 필요하다. 모든 불합리한 상황을 남의 탓으로만 돌린다면 그런 여성은 비즈니스 사회에서 끝까지 살아남아 독립할 수 없다. 상사라면 이런 점을 깨닫게 해서 의식을 바꾸어주고 자신감을 심어주는 것이 매우 중요하다.

영입한 경력사원의 능력을 배가하는 방법

기본자세를 체크해가며 새로운 자극이 될만한 적극적 발언을 하도록 유도하라

최근에는 대기업에서도 다른 회사의 능력 있는 경력사원을 특별히 채용하는 일이 많아졌다. 이런 현상은 사람이 절대수가 부족한 기술직종에서 시작되어 차츰 다른 직종으로 번지고 있다.

이렇게 특채형식으로 들어온 경력사원을 부하직원으로 두게 되는 상사는 우선 빨리 그의 장점을 찾아내고 그것을 의식적으로 주변사람들에게 알려서 그 사람이 새로운 환경에서 빨리 적응하도록하여 일을 하기 쉽게 해 주는 것이다. 다시 말해서 일단 신속하게 일을 시키고 봐야 한다.

왜냐하면 보통 타 회사로부터 영입된 경력직원들은 회사 입장에서 볼 때 곧바로 전력화되어 중요한 역할을 할 것으로 기대되어 채용한 것이지만 막상 새로운 곳에 들어오면 그 조직 안에 아는 사람이 없어서 매우 낯설고 분위기도 다르므로 스스로 움직이기가 어렵다. 그렇게 되면 일정기간 시간이 지나도 회사가 기대한 만큼 능력을 발휘하지 못하고 결국은 자기 속에 묻혀버릴 수 있기 때문이다. 마침내는 의기소침하게 되고 자신의 능력을 발휘해 보기도 전에 회사를 그만두는 사람까지 나타난다.

대부분의 직원이 중간에 경력직원으로 들어온 사람들로 구성된 회사에서는 그런 염려는 없지만 특별 채용자가 소수인 경우에는 특히 앞서 말한 상사의 배려가 필요하다. 후자의 경우 경력채용직원을 아무런 이유도 없이 배타적으로 대하는 악습이 있는 곳조차 있다. 어떤 회사에 먼저 들어갔다고 해서 잘났다는 보장은 없지 않은가. 그런 그릇된 생각과 착각은 버리지 않으면 안된다.

영입사원의 가치는 그가 가지고 있는 경험과 능력의 극대화를 통해서 나타나기도 하지만 또 지금까지 이어져 내려온 직장의 풍토에 새로운 자극을 주는 역할을 하기도 한다. 그러한 조화가 원활하게 이뤄지도록 하려면 주변사람들의 협력이 절실히 필요하다. 새로운 자극이나 변화를 바라는 마음으로 영입직원의 적극적인 발언을 기대하고 경청하는 태도가 바람직하다.

경력자를 채용하여 그의 능력을 극대화 하는 과정에서 또 하나 유의해야 할 점은 그가 조직의 구성원으로서의 기본자세를 완전히 갖추고 있는가를 세심하게 체크해 보는 것이다.

이들 가운데는 가끔 전에 있던 회사에서 보고나 연락방법, 팀워크에 대한 태도, 서류작성방법, 대화의 예의 등에 관해 기본적인 교육을 받지 못했거나 그런 것들에 무감각한 사람들이 섞여 있어서 새로운 환경에 적응하지 못하고 주변의 신뢰를 얻지 못하는 경우가 많다.

상대의 태도를 잘 관찰하여 문제가 있으면 주의를 주도록 하여 새로운 조직에서 잘 적응할 수 있도록 이끌어 가야 한다.

문제사원을 키우는 방법

상대의 얘기를 성의 있게 들어주고 신뢰감을 획득하라,
선입관을 갖고 대처하면 실패한다.

저 친구는 틀렸다고 모두가 생각하고 자기 자신도 스스로를 포기한 사람이 더러 있다. 이런 사람을 내가 부하직원으로 두게 됐다면 어떻게 하는 것이 좋은가?

이런 경우에 중요한 것은 "재수 없구나" 하면서 가능한 좋은 게 좋은 식으로 대해 주는 게 좋지 하고 안이하게 대처하는 것은 금물이다. 그의 입장이 되어 어떻게든 잘 될 수 있도록 노력하여 보자고 결심하는 일이다.

그렇다고 해서 그것으로 상대가 뜻대로 달라지리라는 보장은 없다.

그러나 주변에서 문제아 취급을 하는 사원은 대부분 말하고 싶은 사연이 가슴 속에 가득한데도 주위에서 받아주질 않기 때문에 동료들과 멀어지고 소외되어서 스스로 문제아가 되어 버린 불쌍한 사람들이 많다. 그런 사람과 인연이 맺어져서 같이 일을 해야 하는 입장이 됐을 때는 나와 일하는 기간이 상대방의 인생의 전기가 되어 다시 올바르게 성장할 수 있도록 해 주겠다고 결심하는 것이 선배로서의 바른 태도일 것이다.

우선 상대와 친해져야 한다. 상대에 대한 선입견을 버리고 상대가 속마음을 편하게 털어놓을 수 있도록 한다. 그다음 직장 밖에서 느긋하게 둘이만 얘기할 수 있는 기회를 만든다. 술을 한잔하거나 커피를 마시거나 함께 놀러가도 좋다.

화제는 직장, 가정, 자녀, 취미, 고향얘기 등 무엇이든 좋다. 이쪽은 철저하게 들어주는 역할을 하면서 적당히 맞장구를 쳐서 상대가 말을 하기 쉽도록 해준다. 대화도중 상대를 잘 관찰해서 왜 일이 하기 싫어졌는가, 마음속 응어리는 왜 생겼나, 어째서 삐뚤어졌는가 등등 그 원인을 찾아내도록 노력한다.

자신의 일을 제대로 못하거나 문제아 취급을 받는 사람에게는 반드시 그 원인이 있게 마련이다. 그 원인을 찾아 대책을 마련한다면 틀림없이 그를 변하게 할 수 있다. 저 녀석은 틀렸다 하고 일방적으로 낙인을 찍어놓고 편견으로 대하는 것은 상사로서는 절대로 피해야 한다.

원인은 여러 가지 경우가 있을 수 있다. 그 중에서 흔한 예를 들자면 주변사람들에 대한 오해 때문에 자폐증세를 나타내는 경우가 있다. 이럴 때는 절대 그럴 리가 없다. 우리 모두는 당신을 신뢰하고 있다는 등 오해를 풀어주는 일부터 시작해야 한다. 업무에 자신이 없어 소극적일 때는 좀더 쉬운 일을 맡겨 목표를 달성할 수 있게 해 주면 자신감을 회복한다.

기초적인 훈련과 교육이 부실해서 업무에 태만해진 사람은 적당한 선임자를 붙여서 새로이 훈련을 시킨다. 유능한 선생님을 붙여주는 것이 중요하다. 너무 오랜 동안 한가지 일만 해온 것이 원인일 때는 주저하지 말고 새로운 일을 시켜 본다.

문제사원을 맡는다는 것은 부담스럽고 짜증나는 일이기도 하지만 어떤 의미에서는 자기 자신을 테스트해 볼 수 있는 좋은 기회라고 생각해야 한다. 훗날 그때 난 고생했지만 그 사람에겐 다소 도움이 됐겠지 하는 생각이 들 수 있어야 한다.

연상의 부하를 키우는 방법

지나치게 의식을 하는 것도 나쁘지만 아무 일도 시키지 않고 내버려두는 건 더욱 상황을 나쁘게 만든다.

최근에는 자기보다 나이가 많은 부하를 거느리게 되는 과장이나 대리가 점점 늘어나고 있다

연상의 부하를 거느린다는 것은 마음의 큰 부담이 되는 법이다. 그러나 달리 생각해 보면 당신 자신이 회사로부터 신뢰를 받고 있다는 증거이기도 하다. 왜냐하면 회사에서 믿음직하지 못한 사람에게 연상의 부하를 맡길 리가 없기 때문이다. 그러니까 귀찮아하지 말고 그 기대에 부응할 만큼 한번 해보려는 굳은 마음가짐이 필요하다.

연장자인 부하는 선배로서 존경은 해야 하지만 어렵다고 멀리하는 것은 절대로 안 된다. 가급적 간섭을 안 하려고 지나치게 신경을 쓰면 오히려 상대는 동료들로부터 소외당하고 있는 듯한 느낌을 가질 수도 있다. 연장자로서의 존중은 해야 하겠지만 모든 면에서 자연스럽게 대하는 것이 좋다. 상대에 대한 지나친 의식과 배려는 피해야 한다.

나이 많은 부하는 자기가 직접 지도하거나 주의를 주기가 거북하다. 그러나 연장자라고 해서 그 사람에게만 너그러우면 "과장은 뭘 하고 있는 거야" 하고 다른 사람들이 불평을 하게 된다.

잘못을 할 때에는 오히려 분명하게 주의를 주도록 한다. 마음이 약해서 직접 주의를 주기가 어려우면 그 부하에게 영향력이 있는 상사나 선배에게 부탁하는 방법도 있다. 관리자는 사람을 키울 줄 알아야 한다. 필요하면 부하뿐만 아니라 선배나 동료 등 주위의 사람들까지도 활용해야하는 것이다.

정년이 가까운 사람은 아예 제쳐놓는 관리자가 때론 있는데 이것도 좋지 않다. 상대는 오랜 동안에 걸친 회사생활의 마지막을 충실하게 보내고 싶어 하고 있는 만큼 끝까지 유용한 전력으로 활용해 보려고 노력하는 것이 관리자의 바른 태도가 아닐까. 정년차별은 없어져야 한다.

전문분야의 부하직원을 키우는 방법

지시보다는 상황에 마음을 쓰라, 일하기 편한 환경을 만드는 데 유의해야 한다.

여기서 전문 분야라고 하는 것은 각 분야의 연구직 종사자, 기술자, 디자이너, 교사, 의사, 프로듀서, 기자 등 자기의 전문영역이 명확하고 자의식이 강한, 다시 말하면 다루기 힘든 사람들을 말한다.

이런 사람들은 제대로 키울 수만 있다면 그 기업이나 학교, 병원 등은 눈부시게 발전한다. 그런 의미에서 전문분야의 지식노동자에 대한 매니지먼트 능력은 특히 이제부터 아주 중요해질 것으로 보이는데 이런 사람들을 지도할 때는 직접 지시해서 움직이려 하지 말고 그들의 의견을 최대한 존중해야 한다는 점에 유의해야 한다. 자신의 의견을 전하고 의논을 하는 과정을 거쳐 자연스럽게 바람직한 방향으로 움직이도록 해야 한다.

전문분야의 사람들은 대개 자의식이 매우 강하기 때문에 자율적인 능력향상 의욕이 강해서 스스로 크는 힘이 있는 반면 조금만 속박을 해도 일의 의욕을 잃고 마는 미묘한 성격을 지니고 있다. 그들은 마음이 내켜서 일에 몰두하면 엄청난 능력을 발휘하기도 한다. 그 기세를 꺾지 않도록 지시보다는 그들의 의지를 충분히 배려하도록 한다.

첨단기술 분야쪽에서 공부하고 학교를 졸업한 신입사원이 선배들보다 새로운 지식을 많이 알고 있어서 가르칠 수가 없다고 우는 소리를 하는 관리자도 있지만 그것은 잘못된 생각이다.

신기술의 내용 그 자체에는 아랫사람에게 상사가 지도력이 없을지도 모른다. 그러나 기술자의 업무란 아주 다양한 것이어서 팀의 구성방법, 사내에서 연구를 하는 방법 직장예절, 대인관계 등 그에게 가르쳐야 할 것은 많이 있기 때문에 상사는 충분히 가르쳐야하고 또한 적극적으로 가르쳐야만 한다.

자율향상능력이 있는 전문적인 지식노동자에게는 일하기 어려운 장애를 정확하게 파악하고 미리 해결해서 활동하기 쉽게 해 주는 것이 중요한데 그렇게만 해 주면 그들은 모두 자연스럽게 성장해 나간다.

부하나 후배는 무의식중에 좋은 점뿐 아니라 나쁜 점까지도 선배의 흉내를 내려고 한다는 것을 잊지 말아야 한다. 즉 부하나 후배가 이렇게 했으면 좋겠다는 일은 스스로 실행해 보이는 것이 가장 빠르고 손쉽게 사람을 길러내는 방법이다.

지성, 덕성, 용맹을 두루 갖춘 리더만이 정상에서 세상을 지배한다

　　　　　　　"우리경제와 선진국 경제와의 차이는 경마에 비유한다면 '코 한 치' 정도입니다. 이 정도라면 대수롭지 않은 것으로 느낄지 모르지만 사실은 그렇지 않습니다. 현실에 안주하다보면 영원히 그 차이를 줄이지 못합니다. 이 차이를 줄이는 것은 기업을 이끌어나가는 최고경영자의 책임입니다. 사장의 분발이 그 어느 때보다 더 요청되고 있는 것도 바로 이 때문입니다."

– 우리나라의 기업사는 매우 짧습니다. 경영학을 터득한 사장도 많지 않습니다. 현재의 최고경영자들에겐 코 한 치의 벽이 너무 두껍지 않습니까?

"그렇게도 볼 수 있습니다. 딱 잘라 평가하라면 우리 회사 사장들의 점수는 60정도밖에 못주겠습니다. 그 벽을 단시일 안에 뛰어넘기는 다소 무리일 것입니다. 그렇기 때문에 사장들은 더욱 노력해야 합니다" 이상은 국내 모 그룹 회장의 기자회견 내용의 일부이다. 위의 인터뷰에서도 나왔지만 사장은 누구나 꿈꾸는 최고경영자의 자리이지만 아무나 사장자리에 오를 수 있는 것은 아니다. 사실 사장자리에 오르는 길은 지름길이 있을 수 없다. 최고경영자의 자질과 조건이 어떤 것인지 그 근본부터 되새기고 끊임없이 자신을 개발하고 노력하는 길밖에는 달리 방법이 있을 수 없다. 사장이란 전쟁터에서의 야전군 사령관과도 같은 자리이다.

만일 군사령관이 무능하다면 수많은 젊은 군인들의 생명은 그야말로 위태로운 지경에 빠지게 될 것이다. 마찬가지로 한 기업의 최고경영자가 무능하면 주주는 물론 수많은 직원들에게 피해를 주게 되는 것이다. 이는 곧 사장 자신의 무능으로 끝나는 것이 아니라 기업과 사회에 대한 죄를 짓는 것이나 마찬가지이다. 사장은 마땅히 최고경영자로서의 자질을 갖추어야 한다. 어떤 조직이건 유능한 리더는 지식과 용맹과 덕성을 모두 겸비하고 있다.

　정확한 판단을 할 수 있는 지식, 그 판단력을 실천으로 옮길 수 있는 결단력 혹은 용기가 사장에게는 절대 필요한 것이다. 정확한 판단력과 용기 있는 결단력 여기에 더해서 통솔력까지 갖추게 된다면 유능한 사장으로서 손색이 없는 최고의 리더라고 할 수 있다. 한마디로 최고경영자는 모든 능력을 두루 갖춘 만능 엔터테이너가 되어야 한다. 또한 무엇보다도 사장은 사명감과 애사심이 뛰어나야 한다. 기업에서 뛰어난 사장일수록 사명감과 애사심이 투철한 것은 불문가지이다. 최고경영자의 자리는 매우 외롭고 고독한 자리이다. 용기와 신념을 가지고 기업경영을 해 나아갈 때 성공하는 기업의 리더가 될 수 있을 것이다.

예술가적 품성으로
기업을 경영하라

"예술적 창의성 없이는 어떤 분야의 기업도 결코 성공할 수 없다."

이는 엘지그룹의 회장이었던 고 구자경 회장이 한 말이다. 구회장은 예술을 통한 삶의 이해 못지않게 기업경영도 예술처럼 생각하고 남다른 경영철학으로 기업을 이끌었던 사람이다. 그는 예술적 감각이야말로 기업경영의 생명이라고 굳게 믿었던 것이다.

"한 가지 염료를 만들더라도 재료는 같아도 처리하는 온도나 배합기술, 시간이 마치 음악의 오케스트라처럼 적절히 조화를 이루어내야 좋은 제품이 나옵니다. 그 조화는 바로 창의성에서 우러나오는 것이지요."

특히 초창기에는 정밀화학제품이 주력 업종이었고 최근까지는 전자와 반도체가 주력업종이었던 LG에서는 창의성이 더 요구되고 그래야만 훌륭한 신제품을 개발, 선진국을 능가할 수 있다는 것이 그의 신조다.

때문에 사원들에게도 예술에 대한 이해를 늘 강조한다.

사장 응접실뿐만 아니라 회의실 곳곳에는 그림이 유난히 많이 걸려있다. 또 무용발표회나 미술전람회가 열리면 수시로 티켓을 구입, 임원들에게 관람하도록 한다. 스스로도 예술에 심취해 있지만 평소 그런 분위기에 친숙해지면 예술적 감각이 생기고 그것이 제품개발에도 연결된다는 것.

창의성을 중요시하는 만큼 그가 기술개발에 쏟는 노력도 각별했다.

79년 설립된 럭키중앙연구소에 84년에 130억원을 투입하는 것을 비롯해서 최근까지 매년 매출액의 2.7%를 기술개발에 충당하고 있다. 중앙연구소직원들에게는 출 퇴근부를 없앴다. 예술인에게 작업시간이 따로 없듯이 창의적 기술개발에 속박이 있을 수 없다는 논리다.

영업, 인사에도 창의적 노력이 요구된다는 것이 그의 지론이었다. 동짓날 팥죽 맛이 집집마다 다르듯 모든 기업의 영업방식이 같을 수는 없다. 새로운 판촉방법, 인사관리제도 하나가 상품 개발 못지않게 회사의 발전에도 중요하기 때문이다. 어떤 때는 열흘 정도 각 공장을 들르기 위해 지방출장을 할 정도로 현장 확인하기를 좋아한다. 때로는 늦은 밤이나 이른 새벽에 예고 없는 방문을 좋아 한다.

"가끔 밤늦도록 일하다 현장에서 야전 침대를 놓고 자는 사원들을 보게 되면 그렇게 흐뭇할 수가 없습니다. 어려운 일을 혼자서 끙끙대다가 이튿날 묵묵히 일하는 사원, 여자라면 그런 사람이 매력만점이겠지요" 그는 1등을 싫어한다. 신입사원 선정에도 성적보다는 가능성과 인간성을 중시한다. 창의적 자질이란 바로 그런 사람들 속에 있다고 굳게 믿고 있다.

넓은 바다로 나가 세계를 알고 웅지를 한번 펴보겠다는 생각에서 해사를 졸업했고 그 인연으로 한때 대한조정협회장을 맡기도 했다. 연말엔 남편을 혹사시켜 미안하다는 내용과 새해 복 많이 받으시라는 편지를 전 직원 집에 보낸다. 그는 기업의 최고경영자로서의 리더의 모습이 어때야 하는지를 잘 보여주는 기업인이었다.

기업은 조직이다, 물 흐르듯
조직을 장악하라

　　　　　　개인의 서투른 판단이 회사경영에 나
쁜 영향을 미치지 않으려면 역시 기업은 조직이 움직여 나가야
한다.

　기업은 곧 조직이다. 그러나 역사가 짧은 기업, 창업자형 기업
이 많은 우리나라 실정에서는 조직경영이란 아직도 익숙한 것은
아니다. 국내 모 그룹의 김 사장은 그 익숙지 않은 조직경영을

경영모토로 삼고 있다. 기업이 커질수록 사장 혼자만의 1인 경영체제는 무리일 수밖에 없다.

결국 조직을 활용한 경영을 하는 시대로 전환이 불가피하고 따라서 개인이 아닌 조직에 의해 모든 일이 물 흐르듯 계획되고 실행돼야 한다.

대학 강단에서 사회생활을 시작, 경제기획원, 상공부관리를 거쳐 경영일선으로 세 번 째 진로를 바꿨다. 경력에서 보듯이 김 사장은 이론과 실무를 고루 갖춘 경영인으로서 매사에 합리적이다.

관직에서 재계로 넘어올 때 그는 이른바 세종로 프리미엄을 타지 않은 사람으로 알려져 있다.

상공부 과장을 끝으로 대기업 차장으로 입사, 이 때문에 주위에서 경력에 비해 너무 낮은 대우를 받은 것이 아니냐는 말도 있었다. 상공부시절 그를 발탁했던 신모씨가 사장으로 있을 때 그를 끌어들였고 또 상식아래의 자리를 제시했으나 말없이 받아들였다.

그러나 80년에는 그룹의 모든 업무를 전산화하는 등 시스템의 첨단화 작업을 총지휘했고 시멘트판매 카르텔을 조직하는 등 특출한 능력을 발휘, 입사 12년 만에 그룹의 모 기업인 계열회사의 사장에 올랐다.

일에 관한 한 부하들에게 질책을 삼가지 않아 때론 냉철하다는 소리도 듣는다. 시작이 있으면 끝이 있어야 한다는 주의다. 조직의 중요성을 강조하는 만큼 공무에는 철저해 막연하거나 책임감 없는 업무태도를 가장 경계한다.

그러나 공장을 시찰할 때는 말단직 반장과 어울려 소주파티를 열고 공식석상에서는 할 수 없었던 비공식 이야기를 털어놓을 정도로 소탈한 면도 가지고 있다. 아래 사람들에게도 가능하면 부하직원들과 어울려 인간적 호흡을 할 것을 충고하기도 한다.

직원들 간에 인화란 어차피 조직사회를 움직이는 톱니바퀴의 윤활유 같은 것, 더불어 사는 생활이 즐거워야만 회사에도 도움이 되는 것은 너무나 당연한 사실.

오전 8시면 출근, 업무 시작에 앞서 사장실에 설치된 컴퓨터로 주요사항을 체크하고 하루 계획을 검토한다. 항상 곁에 책을 두고 시간 날 때마다 펼쳐보는 학구파다.

안보면 궁금할 정도로 책을 신문과 같은 것으로 여기고 있다.

리더십은 테크닉이 아니라 타인을 설득할 수 있는 진심 어린 용기와 자신감이다

기업조직에서는 단순히 직위에 의한 권위만으로는 부하를 움직이게 할 수 없다. 사장의 능력에 따르는 권위가 자연스럽게 뒤따라야 한다.

기업조직이란 겉으로는 드러나지 않는 내부의 응집력에 의해 좌우되는 것이 보통이기 때문이다. 이런 관점에서 볼 때 S그룹의 최 사장은 그룹회장의 친척이었지만 회사를 비약적으로 발전시킨 능력 있는 사장으로서 직원들에게 자신의 능력과 권위를 자연스럽게 인정받은 사람으로서 유명한 기업인이다. 큰 키에 까만 얼굴 거기에 부리부리한 눈매, 한마디로 최 사장의 외모는 기골이 장대하다고 할 수 있다. 어찌 보면 섬세한 감각과 기술력이 요구되는 마그네틱 사업을 이끌면서 이 같은 외모는 어울리지 않는 것 같지만 그의 회사에 대한 공적은 회사 안팎에서 모두가 인정하고 있다. 흔히 회장의 측근이나 기업을 그대로 물려받은 2세 재벌인 들과는 다르게 최사장은 실질적으로 자신의 자리를 인정받고 있는 것이다.

이런 사장의 능력에 대한 평가는 역시 사외에서보다는 사내에서 얻어지는 것이라야 더욱 가치가 있다. 그래서 주장하는 것이 전 직원의 인간적인 단합이다.

"사원들에게 우리가 하는 일은 어떤 장애도 없이 해낼 수 있다는 자신감과 긍지를 심어주는 게 사장인 저의 역할이라고 생각합니다." 이는 교육을 통해서만 가능하다.

실제로 최 사장은 회사 내에서 한 해 동안 여러 종류의 직원교육을 실시했고 외국어 교육은 1년 내내 시행한다. 교육은 가장 발전된 투자라고 그는 말한다. 그렇지만 사원을 북돋을 수 있는 것은 교육만으로는 부족하다. 인간적인 배려를 아낌없이 발휘해야 한다. 최 사장은 이를 위해서는 세심하면서도 호방한 스타일로 대처한다.

퇴근 후에는 때때로 잔업을 위해 남아있는 말단사원까지 대동하고 회사 앞의 대폿집을 찾는다. 이 때 말술을 마다하지 않는 그의 주량 때문에 술로 그를 이긴 사원은 아직까지 없다고 한다. 그리고 사원이 아프면 꼭 병문안을 가는 것을 원칙으로 삼고 있다.

이 같은 세심한 면은 S그룹의 발상지라 할 수 있는 수원직물 공장의 공장장직으로 13년이란 오랜 기간 지낸 경험에서 체득한 것이다.

경영면에서는 품질관리를 첫 손가락에 꼽는다. 제품이 곧 그 기업의 얼굴이고 전부라는 고집에서 부하직원들이 귀찮아 할 정도로 품질을 따지고 든다.

품질을 논하는 분임조 활동에는 어떤 경우가 있어도 꼭 참석하고 자신의 의견을 발표한다. 그리고 해외에 출장 가는 사원에게는 항상 그곳 제품의 유행과 디자인 등 시장조사와 견본을 사가지고 올 것을 지시한다. 최 사장은 직원들에게 우격다짐으로 자신의 권위를 강요하지 않는다. 사장으로서의 자신의 권위가 자신의 뜻대로 원한다고 해서 세워지는 것이 아니라는 것을 잘 알고 있기 때문이다. 상사의 권위는 직위나 강압에 의해서 세워지는 것이 아니라는 것을 다시 한 번 강조하고 싶다. 능력 있는 상사의 권위는 자신이 의도하지 않아도 직원들에 의해서 자연스럽게 생겨나게 되는 것이다.

비즈니스맨이여 긍지를 가지고 미래를 경영하라

정년까지 살아남는 전문인의 조건

기업조직에 새로운 바람이 불고 있다. 한편에선 조직에 충성심을 가지라는 목소리가 높아지는 가운데 감원바람이 일고 있고, 또 한편에선 언제 밀려날지 모른다는 불안감 속에 부업을 가지거나 독립을 하고자 하는 욕구가 강해지고 있다.

이러한 가운데 현대 산업사회에서 인간과 인간간의 관계 및 그 심리적 상태를 기반으로 그 해결책을 찾고자 하는 산업심리학적 관점이 점차 발을 넓혀가고 있다.

이에 대해 비합리적이고 지나치게 주관적이라는 비판도 있지만 아무튼 이러한 연구가 점점 설득력을 높여가고 있는 것만은 사실이다. 최근 모 대학의 산업심리학과 L교수의 강연도 이런 점에서 의미가 깊다고 하겠다.

요즘 기업 내부에서는 조직에의 일체감을 가져라. 조직에 충성심을 가지라는 얘기가 강하게 일어나고 있다. 이는 불황이 장기적으로 이어지고 있는 현재의 경제적 상황 속에서 그만큼 기업들이 어려움을 겪고 있다는 것을 반증하고 있는 것이다. 또한 흔한 말로 일본이 성공한 이유도 바로 조직에 대한 충성심 때문이라고 많이 이야기하고 있다.

과연 우리나라 기업에서 조직원들이 조직에 일체감을 가질 수 있는가, 그런 여건은 조성되어 있는가, 또 일본이 사실 그런가? 등이 일단 문제로 제기될 수 있다. 우선 이 점을 살펴보자.

우리나라 사람들의 평균수명을 대략 71세로 보면 정년연령인 55세 이후에는 약 20년간을 퇴직자로서 지내게 된다. 말을 바꾸면 아무리 조직에의 일체감을 가져서 다행히 정년까지 활동하더라도 20년의 공백기가 있는 것이다.

그나마 옛날과는 다르게 정년까지 한 조직에 남아 있기도 힘든 것이 현실이다. 공무원인 시장과 군수의 경우 정년은 61세이다. 그러나 실제 퇴직연령은 53세로 알려져 있다. 이제까지 내무부 산하에서 정년 퇴임식을 한 예가 거의 없다고 한다. 있다면 수위 아저씨들뿐이다. 이는 곧 조직에 아무리 충성을 해 보아야 어느 시점에 도달해서 쓸모가 없어지면 반드시 조직에서 내보낸다는 것을 의미한다.

정년퇴직해도 20년 공백기

이는 일본도 마찬가지다. 비록 정년이 55세에서 60세로 연장되었다고 하지만 정년 후 20년의 공백이 있는 것은 마찬가지이고 회사 내에서 진이 다 빠져서 쓸모없는 불필요한 존재가 되면 언제든지 내쫓길 수 있는 상황도 마찬가지이다.

결국 개인의 입장에서 본다면 조직에 아무리 충성을 해 보았자 어느 시점에 가면 반드시 물러나야 하는 것이 기업의 생리이고 직장인의 비애이다. 반면에 기업의 입장에서 본다면 반대로 지금처럼 어려운 때에 능력이 없는 사람을 내보내지 않고서는 그 기업은 망할 수밖에 없는 것이 또 사실이다.

여기에 갈등과 아픔이 존재하고 있다. 사실 현재의 경제적인 상황이 기업으로서도 이제는 쓸모없는 사람을 의리와 정 때문에 계속 데리고 있을 수 있는 호 시절이 아니다. 그리고 싶어도 그럴 수가 없게 되어 있다. 밑에서 치고 올라오는 사람들의 사기도 문제이지만 그보다 더 중요한 것은 인적 물적인 관리 측면에서 추호라도 합리적인 경영을 하지 못하고 방만한 경영을 하게 되면 그 기업의 생존과 직결되어 결국 망할 수도 있기 때문이다.

속된 말로 줄을 잘 서야 된다는 얘기가 있다. 앞사람이 잘 빠져주어야 뒷사람들이 계속 나아갈 수 있다는 의미이다.

물론 이는 자본주의라서 그런 것만은 아니다. 어느 체제이든 어떤 시대이든 능력이 없으면 천대를 받는 것은 당연한 것인지도 모른다. 기업의 조직만 그런 게 아니라 인간의 본성 자체가 그런 것이다.

우리 속담 중에 "토끼를 다 잡고 나면 사냥개도 끓여 먹는다."는 말이 있다.

어떤 사람이 쓸모가 있을 때는 모두 좋아하지만 그렇지 못하게 되면 또 싫어하게 마련이다.

부모에 대한 효도 마찬가지이다. 부모가 재산이 많고 능력이 있으면 자식 며느리 들이 모두 효부 효자가 되지만 부모가 그렇지 못할 경우 부모를 부담스러워 하는 게 인간의 심리이다.

예전의 고려장이 바로 그 좋은 예이다. 이러한 인습은 비단 우리나라에만 있었던 풍습이 아니다. 일본에도 있었고 중국에도 있었다.

인간은 원래 이기적인 동물이다. 스스로 여유가 있을 때에는 남을 잘 돌보아 주지만 그렇지 못할 때에는 온기라고는 전혀 찾아볼 수 없을 정도로 냉정해지고 자기 주변의 사람들을 전혀 돌보아 주지 않는다.

부모가 자식을 버린다는 이야기는 있을 수 없는 말 같지만 6,25동란 때 실제로 그런 일은 비일비재했다고 한다. 피난을 가면서 거추장스러운 아이들을 버리고 간 경우가 수없이 많았다고 한다.

아무튼 안타까운 일이지만 샐러리맨으로서, 기업의 일원으로서 자신의 능력을 십분 발휘하여 조직에 아무리 충성한다 하더라도 능력이 다하면 쫓겨난다. 따라서 조직인으로서 충성심을 가져라, 조직에 대한 일체감을 가져라 하고 하는 말은 사실 아무런 의미가 없다. 능력이 있으면 대우를 받고, 능력이 없으면 천대받는 게 우리가 처한 기업 문화의 현실이다.

따라서 회사와 나의 관계는 대등해야만 한다. 주종관계가 되면 봐 주십시오 하고 회사의 눈치를 보게 되는 관계가 되는데 이는 비참한 관계이다. 내 스스로의 값어치를 가지고, 그 값어치를 떳떳하게 요구할 수 있는 관계, 이것이 바로 여기서 애기하고자 하는 전문직의 의미이다. 즉, 자신의 직업에 전문성이 있어야만 제대로 된 대접을 받는다는 것이다.

전문직이라고 하면 일반적으로 의사나 변호사와 같은 어떤 특정한 종류의 직업이라고 생각한다. 그러나 현대 산업사회에서는 모든 직업이 다 전문직이 될 수 있고, 또 그렇게 될 것이다. 누구라도 할 수 있는 것이 아닌, 나만이 할 수 있는, 그러한 전문성이 있다면 그 직업은 곧 전문직이다. 아울러 고도산업사회가 되어

감으로써 일반사무직은 점차 사라져가고 있고, 앞으로도 그럴 것이라는 점에서 전문직의 시대는 곧 닥칠 것이다.

그렇다면 현재 우리나라에 전문직이 있느냐 하는 것이다. 결론적으로 말해 전문직의 기반이 우리나라는 상당히 취약하다.

우선 전문직업인이 되려면 내 자신이 통해야 한다. 어느 조직에 속해 있는 내가 아니라 내 이름으로 나를 주장할 수 있어야만 나는 전문직업인이라고 말할 수 있다. 전문직이란 조직의 부속품이 아니라 나 개인을 주장할 수 있어야만 존재할 수 있는 것이기 때문이다.

예컨대 언론인의 경우, 대개의 언론인들은 자신을 전문직업인이라고 이야기한다. 따라서 자신들은 샐러리맨이 아니라고 말하기도 하지만 그러기에는 상당히 애매모호한 측면이 많다.

우선 소속이 어느 신문사의 기자라고 할 때 대우를 받지, 단순히 기자라도 할 때는 대우를 받기가 어렵다.

이 점은 자신을 전문직업인으로 자처하는 대부분의 사람들에게도 해당이 된다. 마찰의 근원은 여기에 있다.

경영진들은 그들을 샐러리맨으로 보고 있지만, 그들은 어느 회사에 속해 있는 내가 아니라 독립된 나로 생각하고 있는 것이다. 그러나 그들은 그렇게 생각하면서도 마음 한 편에는 어떤 회사에 속해 있는 나라는 인식이 아직 남아 있다.

이처럼 애매모호한 상태가 바로 이 '미지근한 목욕탕'의 상태이다. 즉, 회사에 매력을 느끼는 것도 아니고, 그렇다고 회사를 떠나자니 감기에 걸릴 것 같은 자신의 상태를 말한다.

이렇게 될 수밖에 없는 원인중의 하나는 우리나라에는 산업별 노조가 허약하기 때문이다. 회사의 샐러리맨이 아니라면, 말을 바꾸어 조직에의 일체감이 없다면 자기의 직업과 같은 직업을 가지는 집단에 소속이 되어야만 자신의 아이덴티티가 정립되는데, 대부분의 직업에는 이러한 집단이 형성되어 있지 않고 있다.

예컨대 대학교수들이 그나마 전문직이라고 자처할 수 있는 일단의 이유가 그들에겐 학회라든지 연구회라고 하는, 같은 전공을 가진 교수들의 집단이 있기 때문이다.

이렇게 생각해 보면 스스로 대우받는 전문직의 요건을 정리할 수 있다. 우선 같은 직업을 가진 사람들간의 집단이 필요하다.

아울러 개인적인 차원에서 본다면 자신의 할 일이 명확하게 규정되어야 한다.

앞에서도 언급했지만 경영진은 샐러리맨으로서 생각하지만 사원 스스로는 전문직이라고 생각하고, 또 그렇게 대우해 주기를 기대한다. 따라서 누군가가 자신의 기대에 못미치는 어떤 일을 지시하면, 상당히 불만스럽게 생각한다.

이때 자신이 전문직업인이라면 나는 무엇을 하고 싶다. 라고 구체적이고 명확하게 얘기를 할 수 있어야 되는데, 불행히도 대다수가 그렇게 하지를 못한다.

전문직업인이 되려면 자신의 할 일이 명확하게 정의되어야 한다.

이처럼 할 일이 명확해지면 그 다음에는 자신의 일에 대해 자부심을 가져야 한다. 자부심이 없는 직업인은 전문직업인이 아니다. 그리고 이러한 자부심은 자신의 생활의 모습과 능력의 두 가지 측면에서 표현되어야 한다.

나만 할 수 있는게 전문직

우선 생활의 측면에서 가장 중요한 것은 금전적인 문제다.

금전적인 면에서 깨끗하지 못한 사람은 결코 전문직업인으로서 존경을 받지 못한다.

물론 금전에 대해 초연 하라는 말은 아니다. 다만 금전적인 면에서 지저분하지는 말라는 뜻이다.

우리나라에 전문직이 뿌리를 내리지 못하는 이유중의 하나가 바로 이런 데 있다.

대부분의 사람들이 부당한 돈을 받고 싶어 하고 그것을 당연시하고, 그러면서 그렇지 못한 사람들을 모자라는 사람으로 보고 있다.

금전적인 면에서 깨끗하지 못하면 절대로 전문직업인이 될 수가 없다. 부정한 돈에 욕심을 부린다면 존경을 받지 못하기 때문이다. 적어도 돈 때문에 하는 것이 아니다. 라고 하는 자부심이 필요하고, 그럴 때에만 전문직이라고 말할 수 있다.

다음으로 중요한 것이 능력이다. 전문직업인이란 그에 알맞는 특수한 지식과 경험으로써 살아가는 사람들이다.

몸으로 때운다는 표현이 있다. 몸으로 때울 수 있는 직업은 전문직이 아니다. 나 아닌 다른 사람도 할 수 있기 때문이다. 나만이 할 수 있는 것만이 전문직이고, 그러려면 특수한 지식이나 경험이 있어야 한다. 또한 그 지식과 경험은 어디에 가서든지 통용될 수 있어야만 한다. A회사에서만 통용되는 능력이라면 그 직업은 전문직이 아니다.

그렇다면 어떤 지식과 경험이 전문성을 가질 수 있는가?

얼마 전에 세계적으로 유명한 조사연구기관인 미 갤럽에서 세계 147개국을 대상으로 인간이 살아가는 데 필요한 능력이 무엇인가를 조사한 적이 있다.

그 첫째가 바로 지각능력이었다. 지각능력이 두드러진 사람은 그것만 가지고도 살아갈 수 있다는 뜻이다.

한때 세계 피아노수출 1위 업체였던 S피아노사를 방문한 적이 있다. 공장을 두루 견학하면서 마지막으로 들른 곳이 완성된 피아노를 검사하는 방이었다. 놀랍게도 그곳에는 우리 나라 사람이 있는 것이 아니라 독일인이 피아노를 두드리면서 피아노의 상태를 검사하고 있었다.

S피아노는 세계에서도 인정받는 피아노업체이다. 우리나라 사람들도 피아노를 무척 잘 만든다는 것을 뜻한다. 그렇지만 완성된 피아노의 검사는 독일인이 할 수밖에 없을 정도로 우리나

라 사람이 엄두를 못낸다는 이야기다. 그 사람의 월급은 무려 사장월급의 4배나 되었다. 결국 이 독일인은 귀 하나만으로 남들보다 더 잘 먹고 잘사는 것이다.

양조업체에서의 블렌더도 마찬가지이다. 이들은 혀로 먹고사는 사람이다.

이처럼 지각능력이 두드러진 사람은 어딜 가도 대우를 받는다.

이러한 예는 또 있다. 작가란 다소 거칠게 표현하면 자신이 체험한 것을 그이라는 매개를 통해서 감동적으로 표현하는 사람들이다. 이때 그가 얼마나 진실 된 체험을 하고 사물을 정확하게 보았느냐에 따라서 작가의 역량은 결정되는 것이다.

예를 들면 2차 대전 때의 회고록을 쓴 영국의 처칠은 전문적인 작가가 아닌데도 그의 저서에는 약 5만 단어가 구사되고 있다고 한다. 반면 우리나라의 작가가 구사하는 어휘 수는 고작해야 7,000~8,000 단어이다. 가장 어휘수가 많다고 하는 홍명희의 '임꺽정'이 1만 2천 단어에 지나지 않는다.

바꾸어 말한다면 그만큼 우리는 사물을 정확하게 보지 않는다는 뜻이다.

정확하게 볼 줄 아는 눈, 무슨 제품이 팔릴 것인가를 정확하게 보는 눈이 있는 사람은 능력이 있는 사람이다.

요즘 일본인들이 우리나라에 관한 특집을 많이 다루고 있다. 거기서의 결론은 우리 경제는 더 이상 성장할 수 없다는 것이다. 그 이유중의 하나가 우리나라 사람들은 '이만하면 됐다.' 라는 표현을 자주 쓰고 있다는 점을 들고 있다.

되면 되고, 안 되면 안 되는 것이다. 안 되었으면 개선해야 하고, 되었으면 개선할 필요가 없다. '이만하면 됐다.' 라는 표현은 따라서 불만족스럽지만 더 이상 개선할 여지가 없다. 라고 하는 아주 이상한 의미를 가진 표현이 되는 셈이다.

일본에서 요즘 유행하고 있는 말에 '됐잖아요.' 라는 것이 있다. 더 이상 노력하고 싶지 않을 때 이 말을 쓰는데 이만하면 됐다. 라는 표현에서 연유된 것임을 쉽게 알 수 있다.

잘 됐는지 못 됐는지를 볼 줄 알아야 한다. 이는 기업가들에게도 마찬가지이다. 보는 안목이 있어야 한다.

한때 세계경영을 내세우며 잘 나가던 D그룹의 K회장 은 길을 지나가다가 어떤 옷을 보고 이 옷을 수출하라고 지시하면 그 옷은 분명히 수출이 잘 되었다고 한다. 이러한 디자인으로 만들어 라고 하면 그렇게 만든 옷이 실제 잘 팔린다고 한다.

L그룹의 S회장도 그렇다. 제품화된 과자를 맛보다가 이렇게 만들어 하면 그 과자는 반드시 잘 팔린다는 것이다.

결국 보는 눈의 차이이다. 평범한 우리들은 이만하면 됐다. 라고 하지만 비범한 사람들은 잘못 됐다고 말한다. 이만하면 됐다고 하면서 전문직이라고 자처할 수는 없다.

미국 갤럽의 조사에서 나온 두 번째로 필요한 능력이 집중력이다. 사람의 지능과 업적과는 무관하다는 것이 조사결과 밝혀졌다. 대학신입생들을 대상으로 매년 지능검사를 하고 그 결과를 또한 매년 각 대학간에 서로 교환하는데 대학별 지능지수의 차이는 전혀 없다. 결국 지능의 차이가 아니라 얼마나 공부에 집중할 수 있느냐 하는 집중력의 차이였다.

미 시카고 대에서 위대한 업적을 남긴 사람들을 조사한 결과도 마찬가지였다. 지능지수가 아니라 집중력이 뛰어난 사람이 업적을 남긴 것이었다. 아인슈타인이 상대성원리를 발견할 수 있었던 것도 그가 지능지수가 매우 좋아서가 아니라 십 수년간 그것에만 몰두했기 때문이다. 한가지 일에 미친 사람만이 훌륭할 업적을 낼 수 있다.(물론 아인슈타인은 천재였다)

자기 자신을 파악하는 능력이 있어야 한다

이런 점에서 볼 때 요즘의 우리 교육은 잘못되어가고 있다고 느낄 때가 많다. 옛날에는 창의성을 길러주는 교육보다는 단순히 암기력을 증진시키는 훈련이 교육의 전부였고 지금은 교육제도가 많이 개선되어 개인의 개성에 따른 창의성과 창조력을 길러주는 수업을 많이 실시하고 있지만 아직도 입시위주의 닫힌 교육에서 벗어나지 못하고 있는 실정이다.

부모들의 교육도 마찬가지이다. 보통 엄마들은 아기들에게 어지르지 말고 놀라고 말을 한다. 그러면 아이들은 어지르지 않고 놀려고 하는 가운데 자연히 산만해진다. 창의성의 발달을 위해서는 아이들이 놀면 그냥 내버려두는, 열린 교육이 때로는 필요하다.

세 번째가 객관적인 능력이다. 다시 말하자면 냉철한 판단력이다. 요즘 우리나라의 건설업계가 매우 어렵다고 한다. 어렵게 된 이유는 분명하다. 사업이 잘 되니까 자신이 경영을 잘 해서 잘 되는 줄 알았지 복부인들이 투기 바람을 일으켰기 때문에 잘 된 것이라고 냉철하게 판단을 하지 못했기 때문이다.

다른 기업들 역시 마찬가지이다. 급속히 성장한 기업들 치고 인플레이션으로 이득 보지 않은 기업이 없는데도 대개가 이 점을 생각하지 않고 경영을 잘 해서 그런 줄로 착각하고 있다.

2세들에게 사업을 넘기려는 기업가들 역시 냉철한 판단을 하지 못하는 경우가 많다. 사업가들의 2세라고 하더라도 사업에 능력이 없는 2세들이 대부분이다. 그렇다면 냉철하게 판단하여 사업에 능력이 있는 다른 사람들에게 경영을 하도록 해야만 하는데 실제는 그렇지를 못하다.

자신이 처해 있는 현재의 위치를 정확하고 냉철하게 판단하는 것, 이 또한 대단한 능력이다.

네 번째의 능력이 문제해결능력이다. 문제가 무엇인가를 알았으면 어떻게 해결할 것인가를 찾아내야 한다.

어떤 사람은 이렇게 말하기도 한다. "내 일도 아니고, 나한테 이득이 되는 것도 아닌데 해결하려고 노력할 필요가 없다."

문제를 해결할 능력은 있지만 그렇게 하지 않겠다는 뜻이다.

그러나 문제를 해결하면 그 능력은 내 것이 된다. 비록 직접적인 위로부터의 반대급부는 없다고 하더라도 능력만은 내 것이 되고, 그렇다면 그 사람은 어디에 가도 인정받는 사람이 된다.

또한 회사에서 일하는 시간을 내 시간으로 만들어야 한다. 오늘날의 사회에서 회사원의 순수한 내 시간은 거의 없다. 노동부의 한 자료에 따르면 피고용자들의 경우 근무시간이라든지 그 밖에 잠자고 식사하는 등에 필요한 일상시간을 제외하고 난, 순수한 내 시간은 1시간 정도밖에 안된다고 한다.

이밖에 조직화능력과 창조적 능력이 있다.

이렇게 능력을 정의하고 나면 남은 것은 능력을 기르는 문제이다. 이때 가장 중요한 것은 목표를 명확하게 세워야 한다는 것이다.

많이 공부하고 많이 보라

예전에 학교 다닐 때 영어공부를 잘 하겠다고 누구나 많은 결심을 하지만 영어를 모두 다 잘하지는 않듯이, 능력을 기르겠다고 마음만 먹어서는 결코 능력을 기를 수 없다.

이때 명확한 목표를 세우면 그것이 가능해질 수 있는 확률이 높아진다.

목표가 명확하면 그것을 이루기 위한 노력의 양이 많아질 수밖에 없고 그렇지 못하면 상대적으로 노력의 양이 줄어들기 때문이다. 언젠가 이런 실험이 있었다. 높이뛰기를 할 경우 보통 사람은 30센티미터를 넘는다고 하자. 이때 A그룹에는 연습하면 30퍼센트, 즉 39센티미터를 뛸 수 있다고 명확하게 목표를 제시해 주고, B그룹에는 막연하게 열심히 연습하면 더 높이 뛸 수 있다고 말했다.

그 결과 A그룹에서는 65.2%가 목표를 달성했고, B그룹에선 27.3%가 달성했다는, 엄청난 성과의 차이가 나왔다.

이 두 그룹에서 목표를 달성한 사람들의 만족도도 달랐다. 39cm를 뛰겠다고 목표를 설정했던 사람들이 목표를 달성했을 때의 만족도가 그냥 뛰다 보니까 39cm를 뛴 사람들의 그것보다 상당히 높았던 것이다.

현대 산업사회에서는 다른 사람이 나에게 만족감을 주지 못한다. 자신이 스스로 만족을 느낄 수밖에 없다. 결국 스스로 나름대로의 목표를 세우고, 그것을 달성하는 가운데 자기만족은 커질 수 있을 것이다.

물론 목표를 세울 때는 현실에 기반을 둔 근거가 있어야 한다. 목표는 바로 이상 상태이다. 바람직한 상태를 상정하고 거기에 맞춰 목표를 세워야 한다. 이때 가장 좋은 수단이 바로 독서이다. 해외여행이나 유학도 바람직한 방법이다. 많이 공부하고 많이 구경하는 것, 그래서 견문도 넓히고 자극을 많이 받는 것이야말로 전문직업인이 되기 위한 기본 요건이 될 것이다.

최고경영자의 리더십

1. 인간관계를 한정지으면 안 된다.
최고 경영자는 사내외에서 폭넓은 인간관계를 유지해야
한다. 오늘날 기업의 최고 책임자는 국회의원처럼 사람을
다루는 기술을 체득하고 있지 않으면 안 된다.

2. 미래의 비즈니스 사회에서 최고경영자는 지금보다 훨
씬 많은 대외적인 일을 처리해야 할 것이다. 사내의 일은
chief operation officer에게 맡기면 된다.

3. 권한을 위임할 수 있으면서 컨트롤을 잃지 않는 것이
중요하다. 이를 위해 우선 사원전원에 대한 책임범위가
분명하도록 매니지먼트를 조직해야 한다. 사원이 생산성
을 높이고 있는 한 최대한 그들을 지원한다. 그러나 실패
하는 경우는 빠르게 단념하는 것이다.

4 .개안은 약하지만 조직은 강하다. 기업조직의 시스템을
강화하라. 직원들 간에 커뮤니케이션을 꾀할 수 있는 시
스템을 확립하여 사원들의 창의성을 부추기고 자신은 물
러서는 것이 필요하다.

5. 성공도 해 보고 실패도 해본 인물이 아니면 안 된다.
일을 하는 데 있어 그것을 실행하는 사람을 추천하는 정
도의 인물이어서는 곤란하다.

6. 무엇보다도 우선 리더의 자질이 있어야하고 직원들과 의사소통이 잘 이루어져야 한다. 다른 사람의 업적을 객관적으로 판단할 수 있어야 한다. 기업전략을 고안해 내고 주주의 자산수탁자로서 최후에는 교체를 인정해 받아들이지 않으면 안 된다.

7. MBA자격보다 폭넓은 교양을 가지고 있어야 한다. 경영대학원에서의 교육도 좋긴 하지만 그런 것은 20년도 지나지 않아 쓸모없게 되기 때문이다.

8. 지성과 사회에서의 센스 중 하나를 고르라고 하면 나는 언제나 후자를 택한다. 물론 가장 우수한 최고경영책임자란 이 두 가지를 다 갖추고 있는 인물이다.

성공을 꿈꾸는 비즈니스
맨을 위한 실전 대출세
강좌

성공은 사소한 것에서부터 출발한다(전화 콘택의 방법)

만약 비즈니스세계에 통신 수단으로써 전화가 없다면 어떻게 될까? 물론 요즘은 인테넷이라는 새로운 광통신망이 보급되어 있기 때문에 전화가 없더라도 비즈니스에 큰 영향이 없을 수도 있다. 그러나 비즈니스의 여러 측면에서 본다면 전화가 차지하고 있는 비중은 아직도 매우 큰 것이 사실이고 현대문명과 비즈니스에 새로운 혁명을 일으키고 있는 인터

넷조차도 한층 진일보한 전화통신의 연장선으로밖에 볼 수 없을 것이다.

만일 여러분이 비즈니스에 있어서 전화를 반갑지 않은 존재, 귀찮은 존재, 아니면 별볼일 없는 존재로만 여기고 있다면 오늘날의 혹독한 경쟁사회에서 크게 성공하기는커녕 작은 성공도 이룰 수 없다는 것을 명심해야 한다. 성공은 사소한 것의 완벽한 준비에서부터 시작된다는 것을 기억하기 바란다. 따라서 대출세 강좌는 '전화'로부터 시작하기로 한다.

누구나 전화에 대한 공포증은 있다

전화를 이용해서 해외의 바이어를 상대하거나 구매자와 거래 상담을 해본 사람은 대개 느껴본 일이겠지만 전화를 통한 의사소통은 아무래도 불완전할 때가 많은 게 사실이다.

수표나, 어음이 어느 날 갑자기 휴지조각이 될 수 있기 때문에 믿을 수가 없고 오로지 현금만을 취급한다는 사람들이 있는 것처럼 의외로 비즈니스의 훌륭한 파트너로써 전화를 신뢰하지 못하는 사람이 많다.

비행기를 보고 "저건 무서워서 도저히 탈 수가 없어"라고 비행기 타기를 꺼리는 사람이 있는 것처럼 "전화로 뭐가 된다는 말이냐'라고 전화에 대한 부정적인 견해를 가지고 있는 사람이 있는 것은 당연하다.

따라서 만일 당신이 전화는 어쩐지 불완전하다. 라고 생각하고 있다 해도 그것은 지극히 당연한 생각이다. 그것은 신뢰하지 못하는 대상에 대한 당연한 반응이다.

자신이 지니게 된 의문을 새로운 시스템으로 발전시켜서 돈을 버는 것과 불완전하다는 불신감을 나타내는 것은 종이 한 장의 차이일 뿐이다.

여기서 전화를 불신하고 전화를 이용한 의사소통에 약한 사람에게 이를 극복하는 방법을 제시하고 강요할 생각은 추호도 없다. 그래봤자 동기보다 2년쯤 먼저 과장이 되는 정도의 작은 출세에 그칠 것이 뻔하기 때문이다. 커다란 야망을 가지고 입신양명을 꿈꾼다면 자신의 약점을 강점으로 역이용하는 발상의 전환이 있어야만 하지 않을까.

전화응대교육을 철저히 하도록 하자

전화가 가지는 특징 중 한 가지는 상대가 시간과 장소 또 나의 상황들을 철저하게 무시하고 멋대로 걸어온다는 데에 있다. 그러나 여러분이 홍보부 또는 영업부 소속이 아닌 이상 하루 업무 예정표에 전화응대시간을 따로 마련해 놓았을 리가 없다. 그렇다면 때로는 걸려오는 전화를 응대하는 것은 불필요하고 짜증나는 일이 될 수도 있을 것이다. 더욱이 전화를 신뢰하지 못하고 싫어하는 사람의 경우라면 이보다 더 귀찮은 시간낭비는 없다고 생각할 것이다.

따라서 이런 경우라면 회사에서는 될수록 전화를 받지 않는 것이 상책이다.

중요한 서류를 바쁘게 처리하고 있는 데 외출한 사원을 찾는 전화가 걸려온다. 용건을 메모하고 있는 데 또 전화가 걸려온다. 일은 자주 중단되고 메모도 제대로 하지 못해서 전달해야할 용건조차 아리송해지고 있다. 이런 경우를 겪지 않으려면 전화를 받지 않는 길밖에는 없다.

당연히 당신은 다음과 같은 반론을 제기할 것이다.

회사에 걸려온 전화는 주요거래처에서 걸려온 아주 중요한 용건일지도 모른다. 회사의 이미지를 좋게 하기 위해서는 신호가 두 번 이상 울리기 전에 받아야 하고 세 번 이상 벨이 울린 이후에 전화를 받을 때에는 "미안합니다"하며 받아야 한다고 전화예절을 이야기하는 대부분의 에티켓 교본에는 적혀 있다. 받지 않는 것이 상책이라니 무슨 소리냐. 그리고 매 번 울리는 전화를 어떻게 받지 않을 수가 있단 말이냐. 물론 당연한 말이다.

오해를 해선 안 된다. 일반적으로 전화를 받는 것은 필요하고 또 매우 중요하다. 그러나 여기서 말하고 있는 것은 제한된 아주 특별한 경우를 말하는 것이다. 만약에 당신이 전화를 신뢰하지 못하고 있고 때문에 걸려오는 전화에 대한 심한 스트레스와 공포를 느끼고 있다면 꼭 당신이 전화를 받을 필요는 없다는 말이다. 그 대신 후배에게 전화응대교육을 철저히 시켜두도록 한다.

당신이 어딘가 중요한 전화를 걸고 있을 때 또는 중단할 수 없는 일을 하고 있을 때 전화가 걸려왔다고 하자. 당신은 지체하지 말고 전화야! 하고 소리쳐서 누군가가 수화기를 들도록 독촉해야 한다.

그렇지만 때로는 누가 봐도 당신이 한가하고 다른 사원은 전화응대 등으로 바쁜 경우가 있을 수 있다.

그때처럼 불가피하게 전화를 받았을 때는 책에서 읽은 지식을 총동원해서 친절하게 최선을 다해서 응대해야 한다.

어떤 회사 영업사원의 이야기이다. 그는 아침에 출근하자마자 다른 사원들이 일을 시작할 준비를 하는 사이에 연달아 7~8번 전화를 건 다음 외출한다. 칠판에는 3~4개소의 방문처가 적혀 있다.

퇴근할 무렵이 되면 그는 들어와서 다른 사원들이 책상정리를 하고 있는 사이 또 다시 분주하게 전화를 건다. 낮 동안 그가 무슨 일을 했는지는 아무도 알 수가 없다. 그러나 분주하게 전화를 거는 모습에서 그가 일을 열심히 하고 있다는 모습은 인상깊게 남는다.

스스로 깨닫지 못하는 경우가 많지만 전화를 걸고 있는 모습은 같은 직장에 있는 상사. 혹은 동료들의 눈에는 잘 띄는 법이다.

여기서 옛날 전화가 없던 시대를 상상해 보자. 옛날에도 요즘처럼 바쁘게 세상이 돌아갔다면 사무실 안이 얼마나 바쁘고 북적거릴 것인가? 사실 상상하기도 끔찍하다.

면담 희망자가 줄이어 찾아온다. 문의하는 사람, 불평을 털어놓는 사람 등 처리해야할 일이 한도 끝도 없다. 때로는 잘못 찾아온 사람까지 있다. 이런 상황이라면 사무실은 금방 혼란에 빠지게 되겠지만 그런 가운데에서도 줄 이은 방문객을 척척 응대하여 일을 매끄럽게 처리하는 사람이 있다면 그는 단번에 유능하다는 최상급의 찬사를 한몸에 받게 될 것이다.

한편 대리, 과장으로 승진하고도 평사원 때와 똑같은 말씨로 전화를 하고 있는 건 아닌지 반성해 볼 필요가 있다. 만일 그렇다면 대화 상대는 물론이고 주변사람들이 어? 하는 눈초리를 보내고 있음을 깨닫게 될 것이다. 사람은 직위가 높아지고 책임이 많아질수록 자신의 자리와 얼굴에 격이 맞는 행동과 매너가 필요하다.

별것도 아닌 일에 짜증이 나서 전화기를 내려놓으며 지겹다고 중얼거린다든지 하는 것은 평사원 때나 해야 할 행동이다. 상대방에겐 들리지 않을지 몰라도 주위의 누군가가 반드시 듣고 있게 마련이다.

그렇다면 어떻게 하는 게 좋을까.

현대는 정보화의 시대이므로 당신이 알고 있는 정보는 다른 사람에게도 유용한 정보가 될 수 있다.

언제나 "낮말은 새가 듣고 밤 말은 쥐가 듣는다."는 말을 기억하고 주의하도록 한다.

상황을 미리 설정하라

전화사용이 서투르고 의사전달이 힘겨운 경우는 왜 그럴까. 직장에서의 전화응대가 뜻대로 되지 않는다는 비즈니스맨들의 하소연은 의외로 많다.

보통 붙임성이 있고 재치가 있는 사람은 전화로 상대방과 의사소통을 하는 데 무리가 없을 뿐만 아니라 상대방을 능란하게 제압할 수 있다. 이런 사람들은 스스로의 성격과 기질의 덕을 보는 것이다.

그러나 전화응대가 생각보다 힘든 이유는 전화에 대한 거부감 못지않게 수화기를 드는 순간에 상대가 분명치 않아 대화의 실마리를 찾기 어렵기 때문이다. 전화로 상담을 할 때는 상대가 고객인지 외판원인지 또 상대의 성격이 신경질적인지 호방한지를 알 수가 없기 때문에 자신이 받은 인상에 따라 판단한 뒤 이야기를 시작할 수밖에 없다. 전화상의 대화일 때는 짐작만으로 이야기를 진행시킬 수밖에 없는 것이다.

어색해지는 것이 당연하다.

게다가 서로의 목소리만 오고가므로 침묵은 바람직하지 않다. 면담일 경우 5초쯤 침묵하는 것은 극적인 의사표시가 될 수도 있지만 전화도중 5초간 말이 끊기면 서로 매우 답답해진다. 때문에 안절부절못하면서 말을 잇는다. 그러다보니 숨도 가빠진다. 이렇게 20여건쯤 계속 전화를 하다보면 기진맥진해질 수밖에 없다.

전화상담을 피곤하지 않게 잘 하려면 우선 상황설정을 해야 한다. 수화기를 들면 크게 씩씩하게 말을 시작한다. 자신을 투지 넘치는 비즈니스맨으로 설정하는 것이다.

상대가 단골회사의 내담자들이라면 갑. 을. 병 정도로 분류해서 각기 다른 응대방법을 정해둔다. 거래정도에 따라, 친숙도에 따라 상대를 자신이 정해놓은 응대등급에 갖다 맞춰버린다. 그 다음엔 정해놓은 패턴에 따라 대화를 하면 된다.

전화상담에서 상대적인 우위를 확보하기 위해서는 질문의 주도권을 장악해야 한다. 설명보다는 질문하는 편이 대화의 양도 적어지고 정신적으로도 여유를 가질 수 있다.

혹시 설명하는 입장이 됐다 하더라도 "에 대해 어떻게 생각하십니까" "라고 생각되지 않으십니까" 하는 식으로 상대가 대답하도록 유도하고 "그렇다면 이 경우엔 어떻게 되겠습니까" 하고 계속 질문하면서 상담의 주도권을 갖는다.

익숙해지면 전화에 대한 공포는 차츰 사라지고 전화를 이용한 모든 상담과 커뮤니케이션을 게임처럼 여유를 가지고 즐길 수 있게 될 것이다.

고도의 전화 응대방법

꼭 통화를 해야 하는 상대가 전화를 고의로 안 받을 땐 전보를 쳐라. 전화쯤엔 놀라지 않는 사람도 '위급상황 즉시 연락 바람' 하고 메시지를 보내면 반드시 전화를 걸어온다.

전화벨이 울리면 가능한 빨리 받도록 한다. 전화벨이 세 번 이상 울린 뒤에 수화기를 들었다면 "죄송합니다" 하고 말문을 연다.

전화를 받는 즉시 반드시 상대방의 이름과 용건을 정확하게 묻는다.

처음으로 대화하는 상대일지라도 사외 인사일 때에는 '여러가지로 고맙습니다' 라는 말을 잊지 않도록 한다.

수화기는 왼손에 쥐고 오른손에는 항상 메모를 할 수 있는 상태를 유지한다.

내가 전화를 걸 때는 우선 자신의 이름부터 말한다.
찾는 사람이 없을 때 전화를 받는 사람에게 자기 이름을 알려준다.

명랑한 목소리로 씩씩하게 응대한다.

중요한 용건은 복창을 해서 확인한다.

회의는 비즈니스맨들의
숙명이다(회의를 이끄는 법)

회 의

    회의는 비즈니스맨의 숙명이다. 자신의 지위가 높아질수록 그만큼 회의의 횟수도 늘어나게 되고 중요성도 높아질 수밖에 없다. 회의의 전문가가 되는 일은 비즈니스맨으로서 혹은 고위관리자가 되기 위한 필수조건이 되고 있다.

예부터 "지피지기면 백전백승"이라 하였다. 적에 대한 판단을 잘못하고 세운 작전은 성공하기 어렵다. 그러므로 먼저 회의에 대한 본질을 알아보기로 하자.

회의의 본질은 무엇인가.

이런 물음에 대해서 지금까지 읽은 처세나 비즈니스관계 서적의 진부하고 원론적인 내용이 떠오르는 사람은 이미 회의의 본질을 제대로 파악하지 못하고 있는 사람이다.

회의는 사실 별 게 아닐 수도있다.

흔히 다수의 지혜를 모아 문제점을 명확히 찾아내고 해결방안을 찾아내어 결론을 내리는 (TV드라마, 영화, 기업소설 등에 등장하는)회의의 모습은 극적이고 재미있지만 실제 기업의 회의에서는 그런 회의는 거의 존재하지 않는다.

실제 회의가 모두 드라마 속의 회의처럼 진행된다면 몸이 견딜 수도 없고 그렇게까지 철저히 토의했다가는 만일 그 결과가 좋지 않을 경우 일일이 책임문제로 큰 곤욕을 치러야 할 것이다. 그 뿐만이 아니다.

기업경영의 특성상 작은 부분까지 세밀하게 하나하나 말로 표현하고 토의하지 않으면 결론을 얻지 못하는 구미기업들의 비즈니스맨이라면 몰라도 우리나라 사람들은 서로 구체적인 말을 하지 않아도 대개 회의의 분위기를 알아차리는 게 보통이다. 우리 나라에서는 회의가 시작되기도 전에 그 장소의 분위기로 결론 (결론이 나오지 않을 것 같다는 결론을 포함해서)을 알아차리는 게 보통이다.

그렇다면 회의 같은 건 필요하지 않다는 의견도 나올 수 있다. 사실 맞는 말이다. 진짜 토의를 필요로 하는 회의는 잘해야 전체 회의의 1할 이하인 것이다.

이 말대로라면 회의 무용론, 혹은 회의 단축론 등이 정당화될 수 있는 데 그렇다면 실제로 현실에서는 어떨까.

"이 문제에 대해서 말인데"

"결국 우리 예측보다는 경기회복이 늦어지니까 좀더 기다려 보자는 얘기 아닙니까."

"그러는 게 무난하지 않을까요."

"그렇긴 합니다. 다른 분 생각은 어떤지. 의견이 모두 비슷한 것 같으니까 그럼 그렇게 할까요."

예를 들어 위와 같이 진행되고 있는 회의가 있다면 이건 연락 회의인지 검토회의인지 결정회의인지 구별할 수가 없고 차를 마실 시간조차 없게 마련이다. 하지만 다른 회사의 경영자들이 회의에 쫓겨 바쁘게 뛰고 있을 때 나만 한가하게 지낼 수는 없다. 그래서 역시 회의는 필요한 것이다.

설명이 길어졌지만 한마디로 말해 회의의 본질은 결혼피로연의 그것과 비슷하다. 줄거리는 대개의 경우 '축하'로 정해져 있으므로 본질만을 추구한다면 모두가 입을 모아 "축하합니다"라고 하면 무난하게 끝나게 돼 있다. 하지만 그래서는 싱겁기 때문에 뭔가 연출을 가미해서 격식을 갖추는 것이 좋다.

'축하'와 '격식'은 연출방법이 다를 뿐 본질은 마찬가지이다. 당신에게 필요한 것은 어떻게 하면 격식을 갖추고도 지루하지 않게 그리고 주목을 받는 스피치를 할 수 있는가 하는 기술이다.

부하들의 지혜를 짜내도록 한다

이제는 본질은 파악됐다.

그럼 그대로 행동하면 좋은가? 다른 세계에서라면 몰라도 특히 기업내 비즈니스의 치열한 경쟁의 세계에서는 본질을 파악했다고 해서 그대로 행동하면 파멸을 자초할 수도 있다.

중국의 고전 '역경'에서는 "평상시에 난세를 잊지 말라"고 가르치고 있다. 전체회의에 1할 이하라고는 하지만 정말 중요한 일 때문에 심각하고 진지하게 토의 하지 않으면 안 되는 회의도 분명히 있다. 우선 그런 회의가 있을 때 그에 대한 대처방안을 배워 둬야 한다. 본질을 알고 있다 하더라도 때로는 정색을 하고 토론할 줄도 아는 인간적인 면도 있음을 주위에 알릴 필요가 있다.

그렇다면 진지한 회의에서는 어떻게 행동하면 될까. 당신이 부하들을 모아놓고 회의를 주재하는 경우를 생각해 보자. 부하들이란 대개 회의석상에서는 정성껏 생각하지 않으며 좋은 아이디어는 내놓기를 꺼리고 자신에게 부담이나 책임이 돌아올 듯한 이야기는 하지 않게 마련이다. 그러한 부하들의 행동을 당신이 상사로서 회의를 주관하는 경우에는 절대로 허용해서는 안 된다 (그러나 물론 입장이 반대일 때에는 일치협력해서 올곧은 자세로 일관해야 한다)

그러한 행동을 방지하는 데는 흔히 말하는 '기획서파기'의 방법이 있는데 때에 따라서는 대단한 효과가 있다.

광고대리점의 기획서 또는 본격적인 상품설명 팸플릿 등의 기안서식은 대개 다음과 같이 되어 있다. 세계정세 → 국내경제동향 → 업계의 전망 → 요청을 받은 기획은 무엇인가 → 개개의 기획

하지만 진짜 번득이는 아이디어란 그렇게 순차적이고 논리적으로 떠오르지 않는다. 아이디어(?)만을 늘어놓으면 설득력이 없기 때문에 이런저런 상황의 설명을 덧붙이다 보니까 세계정세까지 언급하게 되는 것이다.

회의가 시작되면 당신이 '개개의 기획' 직전까지 얘기한다. 그것도 단숨에…. 도중에 질문이 나오면 약점이 드러날 염려가 있으므로 어쨌든 일사천리로 말을 해버린다.

거기까지 얘기했으면 그 다음엔 아무 말도 하지 않고 아무 것

도 생각하지 않는다. 다만 부하들의 발언을 독촉하면 된다. 가끔 '업계의 전망' 등의 테마를 다시 들고 나오는 바보도 있는데 그때는 "그건 벌써 얘기했네" 하고 말허리를 자른다. 그렇게만 하고 있으면 당신 앞에 부하들의 아이디어가 저절로 쏟아져 나온다.

질문, 비판은 단호히 배척하라

당신과 동급 또는 상급자와의 회의도 기본적으로는 같은 방법으로 대처할 수 있다.

부하들이 내놓은 의견 가운데 훌륭한 아이디어를 몇 개 골라서 숙지해 두도록 한다.

다른 사람이 의견을 내놓으면 짧고 효과적인 발언으로 세계정세, 국내경제, 업계전망 등의 견지에서 그 의견을 보강하고 비판한다. 다만 부하의 의견에 대해선 비판적인 입장에서 독려해야 하겠지만 이런 경우에는 아무래도 보강쪽에 치중하는 것이 좋다.

다른 사람의 의견에 반대만 하고 있으면 건설적이지 못하다는 인상을 주게 된다. "그럼 당신은 어떻게 하면 좋다고 생각하십니까"하는 질문을 받기 쉬우므로 비판에 대한 건설적인 대안을 제시할 수 있어야 한다.

적당한 때에 자신의 의견(실은 부하의 의견)을 내놓는다. 회의는 중요하면 할수록 처음에는 질서정연하게 진행되다가 후반으로 갈수록 혼란스러워져서 뭐가 뭔지 모르게 되고 마지막에는 "글쎄, 그런 정도가 아닐까" 하는 식이 되게 마련이므로 그 직전, 모두가 "도대체 무슨 회의였을까" 하는 생각이 들 무렵 의견을 제시하는 게 효과적이다.

그러나 앞으로 급속하게 보급될 것으로 보이는 TV 화상회의에서는 사정이 좀 다를 것 같다.

TV회의에 대해선 ① TV를 통해 전국 지점. 출장소와의 회의를 할 수 있으므로 출장의 즐거움이 없어진다.

② 교통기관의 발달로 최근에는 1일 출장이 많아졌는데 그보다는 TV회의가 낫다.

③ 모두가 '클린턴', '대처' 등의 가면을 쓰고 회의를 하면 딱딱한 판매회의 등도 정상회담 같아 재미있게 진행된다는 점 등을 전문가들이 지적하고 있다. 그러나 본질적으로는 분위기가 형성되지 않는다는 점이 문제가 아닐까.

참가멤버가 각각 고립되어서 회의를 하게 되므로 당연히 표정을 읽기가 어려워진다.

당신이 보고를 하면 줄이어 질문, 비판, 추궁이 쏟아져 나와 말문이 막히는 상황이 일어날지도 모른다. 얼굴을 마주하고 있으면 이심전심이 쉽고 말머리를 돌리거나 생각하는 체 하면서 시간을 벌 수 있다.

그러나 화면을 마주하고 있을 때 어설프게 시간을 벌려고 하다가는 상대를 짜증나게 하기 쉽다.

곧 다가올 화상회의의 시대에 대비해서 지금부터 '반문법'을 익혀두는 것이 좋다. 상대가 추궁해오면 "그럼 어떻게 하면 좋겠습니까" 하는 식의 질문으로 반격한다.

발언은 간결하고도 평범하게

여기서 본론으로 돌아가자. 회의는 중지를 모아 진지하게 토의하여 창조적인 방법을 찾는 과정이다. 그러나 실제 이루어지는 모든 회의가 다 그렇지는 않다는 사실을 앞에서 이야기 하였다. 사람을 마주하게 되더라도 태연할 수 있는 뻔뻔함도 관리자에게는 필요하다는 견해를 전하기 위해 지금껏 설명을 해왔다.

이제부터 관리직으로서 갖춰야할 회의의 방법을 기술해 본다.

회의에서의 발언은 가능한 간결해야 한다. 긴 부연설명이나 세세한 자료적 뒷받침 등은 현장감독 같은 자리에 있는 사람의 역할이다. 좀더 근본적인 관점에서 사고해야 하는 입장에 있는 당신의 발언은 간결하고도 본질적이지 않으면 안 된다.

그러나 발언은 어느 정도 사람들의 관심을 끌 수가 있어야 한다.

회의에서 가장 훌륭한 발언은 어느 면에서나 정당하고도 타당한, 즉 논리 정연한 발언이다. 하지만 이런 발언은 너무 타당해서 누가 한 말인지 잊혀질 수가 있으므로 주의를 기울여야하고 또 그 발언이 핵심을 찌르는 내용일 경우에는 경쟁자나 다른 멤버들의 질투와 시기를 살 수도 있다. 평범한 결론을 얘기하더라도 다른 사람과는 다른 맛이 나게 하는 발언이야말로 가장 당신을 돋보이게 할 것이다.

예를 들면

내년도 상반기 매출신장 목표의 숫자를 산출할 때 과거 3년간의 매출실적, 물가상승률, 경제정세 등으로 보아 10% 또는 20% 정도의 상승이 기대되었다고 하자.

당신 혼자 이런 사실을 이야기했을 때 회의에서 관철시키기기 어렵다고 판단이 될 경우에는 차라리 '매출 100% 증대'를 외쳐서 눈길을 끄는 것이 좋다.

같은 20% 상승론을 제시하더라도 평범한 논거가 아닌 날씨예측, 미국대통령선거, 올림픽, 주역풀이, 공무원급여문제, 집의 강아지, 식성변화 등등의 다양한 논거를 들면 발언에 대한 신뢰감을 높힐 수 있을 뿐 아니라 아주 유니크한 발상을 가진 사람으로 평가를 받는다.

주의할 점 – 논거는 유니크해야 하지만 결론은 평범한 것이 좋다. 목표 50% 증가!같은 사실은 어렵지만 어느 정도 실현성이 있는 의견을 제시했을 경우 그 안이 채택되어졌을 때 잘못하면 당신에게 책임이 돌아올지도 모른다.

다시 한 번 강조해서 말하자면 회의에서의 발언과 결혼피로연에서의 인사말은 간결하고도 평범해야 한다. 이 말만 잊지 않으면 회의도 즐거울 수 있다.

때로는 감정적 발언도 필요하다

회의에 임하는 자세와 방법을 좀더 구체적으로 기술해본다면 발언은 짧고 명쾌할수록 좋지만 발언의 횟수는 어느 정도 유지되어야 한다.

회의의 주제와 회의에 참석한 사람들에 따라 달라질 수 있겠지만 기본적으로는 경망스럽게 보이지 않을 정도, 반면에 머릿속이 텅 비어 있지 않나 하는 의심을 받지 않을 정도의 횟수가 적당하다.

횟수보다 더 중요한 것이 발언의 타이밍이다.

시도 때도 없이 네, 네하고 나서면 안 된다. 항상 회의의 분위기와 흐름을 파악하고 있어야 하며 사람들의 생각의 변화를 잘 읽어서 빠르게 대처해야 한다. 관리자는 초등학생이 아니기 때문이다. 하지만 사회자의 지적을 받고서야 마지못해 발언하는 것도 좋지 않다. 아무도 발언을 하지 않을 경우 자신에게 의견을 물어 올 듯한 느낌이 들면 지명 당하기 전에 먼저 발언을 하는 것이 바람직하다.

또 의견이 분분해서 난상토론이 되어버렸을 경우 모두가 핵심을 놓치고 무얼 의논하고 있는지 모르게 됐을 때, 또 의견이 나올 만큼 나와서 회의가 김이 빠졌을 때는 대수롭지 않은 의견도 환영을 받을 수 있으므로 적극적으로 발언하도록 한다. 이런 경우에는 오히려 엉뚱한 발언이 분위기를 좋게 만드는 수가 있다.

회의중에는 가능한 한 다른 사람의 말을 경청하도록 한다. 다른 사람의 의견을 진지하게 들어야 회의의 방향성을 찾을 수 있고 또 그 의견과는 어느 정도 차별성이 있는 발전적인 제안이나 발언을 할 수 있다. 다른 사람과 똑같은 방식으로 생각하는 것보다는 한걸음 물러서서 다른 사람의 의견을 냉정하게 판단하고 발언해야만 좋은 의견을 개진할 수 있다. 가능한 한층 높은 관점에서 발언하는 것이 바람직하다.

앞서 한 발언의 내용이 당해 년도 매출목표였다면 당신은 10년간의 장기적인 사업 목표라든지 전반적인 업계의 전망 등의 관점에서 논하면 평범한 의견이라도 관리자의 발언다운 멋이 풍긴다.

가끔은 끈기, 애사정신 등 다소 애매한 말을 내세워 감정적인 면을 강조하는 일도 중요하다.

다만 그런 행동은 필요할 때 가끔 해야 하며 회의 때마다 애사

정신을 들먹이는 것은 무능한 비즈니스맨의 증표이므로 주의해야 한다.

만일 어떤 의견을 반드시 관철시키고 싶을 때에는 멱살을 잡을 듯한 강한 기세를 연출하는 것도 좋다. 최근에는 이런 타입의 인간이 드문만큼 드라마를 보는 듯한 감동을 줄 수가 있다. 이럴 경우 자신의 모든 것을 바쳐서 일을 하는 당신을 사람들은 존경하게 된다.

사소한 점이긴 하지만 발언을 할 경우에는 우선 결론을 말하고 그 이유로 몇 가지 포인트의 논거를 드는 연역적 추론의 방식으로 의견을 개진하는 것이 좋은 논리적인 설명의 방법이다. 논리적 근거는 설명에 자신이 있을 때는 세 가지, 없을 때는 다섯 가지 정도가 무난하다. 왜 세 가지냐 하면 아무리 좋은 의견이라도 근거가 빈약하면 신뢰감을 줄 수가 없다. 대단한 논거가 아니더라도 반드시 세 가지 이상의 논거를 마련해야 한다.

"세 번째는 사소한 이유입니다…"하고 말하면 그 이유가 사소하면 할수록 그런 것까지 놓치지 않는 유능한 비즈니스맨이 되는 것이다.

일반적으로 이러한 설명방법은 상대가 의견을 이해하기 쉽도록 하기 위한 것으로 가장 기본적인 발언의 방법이다.

회의란 자신이 말하고 싶은 것을 말해서 눈에 띄기만 하면 되는 장소가 아니다.

철저한 준비와 최선을 다하는 태도로 회의를 이끌 수 있는 사람이 되어야 한다.

회의석상에서 지켜야 할 일

회의도중 종이에 낙서를 하는 것은 좋지 않고 또 최근 유행하는 말을 너무 자주 쓰면 경박해 보인다.

❖ 회의에는 시간을 엄수해서 참석한다.

❖ 가능한 정각에 출석해서 자료를 검토하고 준비한다.

❖ 옷차림은 단정해야 한다.

너무 눈에 띠지 않게, 그러나 말끔한 차림을 한다. 구깃구깃한 복장으로 일에 열심인 것처럼 연출하는 것은 현장근무자 같은 모습으로 보일 수 있다. 비즈니스맨 혹은 관리자는 사무직노동자이므로 옷차림이 단정해야 한다.

그렇다고 최고급 일류 맞춤양복을 입어서 눈에 띨 필요는 없다. 차림새가 너무 티면 사회자가 발언을 요청할 가능성이 커진다. 평범한 회색계열의 중간색 톤의 옷이 적당할 것이다. 사무기기 등도 회색계열이 많으므로 발언하고 싶지 않을 때는 머리를 숙이고 얌전히 있으면 보호색 덕분에 사회자의 눈에 잘 띠지 않게 된다.

❖ 휴대용 계산기를 가지고 간다.

❖ 회의도중 심심하면 종이에 낙서를 시작하는 사람이 있는데 그런 태도는 결코 환영을 받지 못한다.

❖ 지루할 때는 계산기를 두드리며 장난을 하는 것이 좋다. 의제를 진지하게 검토하고 있는 것처럼 보인다.

❖ 차와 담배는 조금씩만

❖ 회의에는 대개 커피 등 음료가 나오는데 처음부터 꿀꺽꿀꺽 마셔버려서는 안 된다. 잘 생각해 보지 않은 문제에 대해 발언을 요청받았을 때 등 시간을 버는 데 쓸 만큼 두어 모금 남겨두어야 한다.

❖ 마찬가지로 담배를 너무 많이 피우면 신경질적으로 보이며 남겨둔 차를 마셔버리고 싶어지므로 가급적 삼간다. 니코틴중독으로 담배를 안 피우면 손이 떨리는 사람은 회의에 들어가기 전에 충분히 피워둔다.

❖ 다소 아프더라도 참석한다.

❖ 일상적인 업무는 한 사람쯤 쉬더라도 큰 지장 없이 진행될 수 있지만 회의는 그렇지 않을 때가 많다. 만일 당신이 없더라도 지장이 없었다면 업무에도 회의에도 없어도 상관이 없는 그대는 도대체 뭘 하는 사람이냐는 소리를 듣게 될 것이다. 무슨 일이 있더라도 회의엔 들어가도록 하라.

❖ 최신용어를 숙지하도록 한다.

비즈니스와 관련된 최신용어는 항상 그때그때 공부하여 알아두도록 한다. 하지만 완전히 이해할 필요는 없고 필요한 만큼만 알고 있으면 된다.

의미는 대충만 파악하고 발음만은 정확하게 할 수 있도록 하는 것이 올바른 태도이다. 정확한 의미를 알고 쓰는 사람은 거의 없으므로 대강만 알면 대화에는 지장이 없다.

직장은 끝없는 전쟁터이다,
자신만의 무기로 무장하라

직장은 사실상의 전쟁터이다. 클라우제
비츠는 "전쟁은 다른 수단으로 수행하는 정치의 계속이다"라고
말했다. 지금은 핵무기를 비롯한 첨단 무기들의 발달로 국가간
의 전면전쟁은 벌어질 가능성이 작아졌지만 그 대신 국지전은
여러 곳에서 벌어지고 있다. 이러한 국가간에 벌어지고 있는 국
지전이 모습을 바꿔 기업의 내부로까지 진출했다고 생각하면 틀

림이 없다.

그렇다면 직장이라는 전쟁터에 '적수공권(赤手空拳)'으로 나가서야 되겠는가. 나름대로 단단한 무장을 갖추고 대처하지 않으면 안 된다. 바야흐로 세상은 국제적 생활권으로 접어들었다. 어학은 물론 교역국가의 풍속과 문화 등 국제 감각을 익히는 것에서부터 자신의 세련된 매너를 익히는 것까지 가능한 모든 것을 동원해서 자신을 단단하게 무장하고 전쟁터로 향해야 한다. 우선 군번표에 해당하는 명함을 점검해 보자. 회사에서 찍어주는 것이라 해서 그저 평범하게 적당히 사용하려고 하면 안 된다. 이것도 비즈니스에 있어서는 큰 무기이기 때문이다.

명함은 유효한 전략무기이다. 명함을 백분 활용하라

"명함에 찍힌 직함을 믿고 일을 하지 말라"는 말이 있지만 이 말에 끌려 명함에서 직함을 빼어버리거나 아예 명함 자체를 쓰지 않기로 결심한다면 매우 멍청한 생각이다. 당장 업무에 지장이 올 것이다. 이런 말은 "무기로 전쟁을 하지 말라. 토기로 싸워라"라는 말과 같은 원칙론에 지나지 않는다.

도움이 되기만 한다면 명함은 많이 사용하는 것이 좋다. 그렇다고 해서 자기 멋대로 직함을 찍어 넣거나 얼굴사진을 넣은 명함을 만들어 사용한다면 회사로부터 경고를 받을 수도 있다. 회사에서 만들어준 똑같은 명함일지라도 머리를 써서 활용하는 것이 바람직하다.

예를 들면 명함을 건넬 때 두 장씩 주도록 한다. 상대로부터도 두장을 받는다. "나는 언제나 두 장씩 받아서 보관합니다"라고 설명하면 대개는 상대가 납득 할 것이다. 이렇게 하면 당신의 이름이 상대방의 인상에 강하게 남는다. 명함 사용량이 2배로 늘어 다른 사원보다 빈번하게 명함 보충을 의뢰할 수 있게 된다. 회사로부터는 교제범위가 넓고 인맥형성에 열심이구나 하는 평가를 받게 될 것이다. 명함을 아껴서 사용하라고 주의를 주는 쫀쫀한 상사는 아마 없을 것이다.

명함의 네 모퉁이를 오려 구분해서 쓰는 것도 좋다.

네 개의 각이 있으므로 사용할 때 중요한 거래처 ,단골용, 중요하지 않은 거래상대용, 그리고 나머지 한 곳은 "너는 정말 싫다. 사실은 명함 교환도 하고 싶지 않지만 어쩔 수가 없으니까 준다"는 식으로 고객의 중요성이나 친밀도에 따라 명함 사용을 구분해 놓는다. 물론 상대에게는 모퉁이를 자른 명함이 소중한 사람에게 드리는 표시라고 이야기 한다. 사실 한국에서는 사람의 이름을 기억해 주는 것이 비즈니스에 커다란 효과를 거두지 못할 수 있지만 미국이나 유럽 사람들은 자신의 이름을 명예라고 여기며 매우 중요하게 생각한다. 카네기가 사람들의 이름을 잘 기억하여 자신의 사업을 크게 발전시켰다는 이야기는 이미 잘 알려진 일화이다. 그만큼 명함을 잘 활용한다면 좋은 성과를

196

거둘 수 있다는 것이다.

어쨌든 명함이라는 평범한 물건도 쓰기에 따라서는 자신을 강하게 인식시키는 도구가 된다는 점을 잊지 말도록 해야 한다.

명함을 받을 때도 무의식적이어선 안 된다. 명함을 받는 방법만으로도 자신을 강하게 인식시킬 수 있기 때문이다.

평범한 방법이지만 명함은 닥치는 대로 받아둘 일이다. 업무와 직접 관계가 없더라도 술집에서 우연히 옆에 앉은 사람에게서라도 찬스만 생기면 명함을 받아둔다. 명함 장수가 많고 종류가 다양하면 당신의 폭넓은 인맥을 과시할 수가 있다. 물론 적당한 기회에 수집한 명함의 숫자를 은근히 남들에게 알려야 한다.

개중에는 정기적으로 명함을 정리해버리는 사람도 있는데 실제로 연락을 하지 않는 사람일지라도 명함을 버릴 필요는 없다. 차라리 필요 없는 명함은 오른쪽에 빨간 표시를 하고 중요한 명함은 왼쪽에 녹색, 개인적인 명함은 푸른색을 칠한다든지 해서 개인적으로 분류하는 게 좋다. 활용하기에도 편하고 명함의 수를 줄이지 않고도 정연하게 정리할 수 있다. 다수의 붉은색 명함이 설마 불필요한 명함의 표시인 줄은 아무도 알 리가 없기 때문이다.

자신만의 계획대로 움직여라

샐러리맨의 처세술이나 출세가이드에 관한 책을 읽고 고무되어서 카드나 파일 같은 걸 사들이는 사람이 적지 않은데 막상 갖춰놓은 다음에 그것을 제대로 활용하는 사람은 많지 않다. 활용할 만한 테마도 없고 시간이 없다는 게 그 이유이다. 전에 중동의 어떤 나라에서 100t 이상의 무게가 나가는 탱크를 만들려고 계획을 세운 적이 있었다. 구체적인 계획을 세워 개발하던 도중 그렇게 무거운 탱크를 견딜 수 있는 도로가 없다는 것을 뒤늦게 깨달아 계획을 중단했다는 이야기가 있는데 이와 마찬가지이다.

사무실이든 서재이든 책상 위는 항상 깨끗이 정리 정돈을 해두는 것이 좋다. 좀더 실전적인 데스크활용법을 생각해 보자. 데스크 위에 이것저것 늘어놓아서는 안 된다. 아무것도 놓아두지 않는 편이 좋고 가능하면 책상 속에도 잡다한 물건을 넣어두지 않도록 한다. 그러면 의자에 앉은 당신 앞에 항상 창조적인 공간이 출현할 것이다.

실은 이것은 자신의 계획을 세우는 데에도 유용한 것이지만 경영자에게 잘 보이는 방법이기도 하다.

데스크에는 전화, 고무패드, 필기구, 도장, 명함 꽂이, 서류파일 정도만 놓아두는 게 좋다.

탁상일지도 책상위에 두지 않는 것이 좋다. 분명히 편리한 사무용품이긴 하지만 다른 사람이 당신의 행동을 파악하는 데는 가장 좋고 편리한 자료가 될 것이기 때문이다. 남에게 그처럼 쉽게 행동이 드러나서야 되겠는가.

그보다는 독자적인 년간, 월간계획표를 만들어서 고무판 밑에 넣어두고 매일 기록해나가도록 한다.

파일은 제일 아래서랍에 용지만 대량으로 정연하게 채워두면 된다. 속빈강정이지만 뭔가 중요한 정보가 잔뜩 들어있는 것처럼 보인다. 파일을 만들 때에는 가능한 자료가 축적되지 않도록 주의해야 한다.

파일링의 성공여부는 쓸모가 없어진 자료를 얼마나 재빨리 정리하느냐에 달려있다.

가장 좋은 방법은 자료는 모두가 불필요한 것으로 간주하고 애초부터 보관하지 않는 것이다. 만일 수집이 필요한 서류가 오면 부하에게 맡기든지 다른 사람에게 돌려버린다. 그래도 모르는 사이 서류는 모인다. 전에 쓰던 미결 기결함은 그러한 서류들을 어느 틈엔가 사라지게 해줘서 편리했지만 파일의 경우는 그렇지가 못하다. 반 년에 한번쯤 몽땅 버리고 새로운 파일을 도입하는 게 좋다. 책상 속도 충실해 보이고 서류도 깨끗하게 정리할 수가 있다.

가능하면 최첨단 무기에 관심을 갖도록 하라

직장은 전쟁터이다. 더욱이 현대는 치열한 정보전, 첨단과학전의 시대이다. 비즈니스상의 병기도 항상 최신예제품을 갖추어서 시대에 뒤떨어지지 않도록 해야 한다.

최첨단 사무 장비들은 행동의 자유와 관리직의 이미지를 함께 가져다주는 정말 멋진 무기이다. 핸드폰의 발전은 24시간 어떤 장소에서도 커뮤니케이션을 가능하게 해 주었고 전자수첩을 비롯한 개인 컴퓨터와 OA기기의 발달은 가히 디지털 혁명이라 할 만큼 비즈니스 환경을 하루가 다르게 급속하게 발달시키고 있다.

많은 시간과 돈을 투자해서라도 이러한 것들과 철저히 친숙해질 수 있어야 한다. 사무실에 등장하기도 전에 최신기종의 퍼스컴을 사다놓고 "아니, 이젠 우리 막내가 게임을 즐기는 단계야" 하고 은근히 뽐내는 동료가 당신 주변에도 있을 것이다.

본인은 손을 들어버렸고 자식의 장난감이 되버렸다 할지라도 (대개는 그럴 수도 있다) 주위의 평가는 틀림없이 높아진다. 더구나 회사 컴퓨터로는 불가능한 서류를 집에서 작성해 온다든지 하면 실상은 그것이 유명대학 이과계열을 졸업한 아내가 밤을 새워 해준 것이라 하더라도 회사에선 "정말 앞서가는 최첨단인간이로군" 하고 생각하게 된다.

이미 퍼스컴정도가 주목을 받는 시대는 지났지만 새로운 첨단기기는 앞으로도 계속 나온다. 지금까지는 경쟁에서 뒤쳐졌던 당신일지라도 이제부터는 앞서가려고 노력해야 한다. CATV, INS, 비디오텍스가 등장하면 가장 먼저 뛰어 들어서 그들과 친해지려고 노력해야 한다.

다만 여기서 주의할 것은 그런 최첨단 무기들을 아들의 장난감으로만 머물게 해서는 안 된다는 것이다. 그 원리를 이해해하기 위해서 밤을 세워 노력하고 사용법을 익히려고 애써야만 한다. 갖고 있다는 것만으로도 충분히 중요한 일이지만 그것을 자유자재로 사용할 수 있다면 당신의 가치는 더욱 올라갈 것이기 때문이다. 물론 계획 없이 어설프게 덤비면 그 일에 시간만 빼앗기고 아무런 소득이 없을 수도 있다.

사실 현재의 기술혁신의 물결은 너무 빨라서 1년 정도만 지나면 어떤 최신예기기라도 진부해진다.

실은 퍼스컴을 비롯한 OA기기의 판매점은 유통혁명의 현장이기도 하다. 그 실태를 점원에게서 듣기 위해서라도 현장에 자주 나가보는 것이 좋다. 기기 그 자체를 동심으로 돌아간 소년의 장난감으로 두지 말고 최대한 활용할 수 있도록 노력하도록 하라. 최첨단 전략무기를 즐기는 정도로 두어서는 안 되는 것이다.

책을 가까이 하라

통근시간이야말로 비즈니스맨이 유효하게 활용할 수 있는 자유로운 시간이다. 그 시간을 살리기 위해선 그 나름대로의 무기가 있어야 한다.

요즘 비즈니스맨들은 사무용 가방이나 배낭모양의 가방을 많이 들고 다니는데 가방 속에는 주간지, 소설류밖에 들어있지 않더라도 서류가 들어 있는 듯해서 나름대로 평가를 받을 수 있다.

하지만 지하철 안에서 책을 꺼내려면 뚜껑을 90도 가량 열지 않으면 안 되고 뒤집은 채 열거나 하면 안의 물건이 쏟아져 내리는 치명적 결점을 갖고 있다. 따라서 해외출장 이외에는 애용하지 말아야 하는 물건이다.

해외출장 때 달랑 가방 하나만 들고 떠나면 도착한 공항에서 짐을 찾는 시간조차 아끼는 바쁜 비즈니스맨으로 보여 나쁘지 않다.

물론 최고의 통근 장비는 운전사가 있는 자동차이고 그 안에서 독서라도 하면서 출퇴근하면 더할 나위 없이 좋다. 그게 무리라면 업무에 도움이 될 것처럼 보이는 책을 갖고 다니는 게 좋다. 알맹이는 취미관계나 대중문학이라도 커버는 다소 난해해 보이는 책 이를테면 '위기관리'' 제3의 물결' 등 이면 충분하다. 비즈니스 세계에서 도태되거나 소외되지 않기 위해서는 기본적인 사회 적응력이 필요한데 이런 사회 적응력을 기를 수 있는 가장 좋은 방법이 바로 독서이다. 독서는 일부러 시간을 내서라도 계획을 가지고 해야 하는 것이지만 부득이한 경우 버스안에서와 같이 틈틈이 하는 것도 바람직한 방법이 될 수 있다.

자격증은 비즈니스맨에게 대단한 무기가 될 수 있다

모두가 아는 정보는 이미 정보가 아니다. 모두가 갖고 있는 것은 아무리 비싸고 성능이 좋은 것이라도 평범한 물건에 지나지 않는다.

전에는 신용카드를 1장만 가지고 있어도 자기자신을 나타내는 데 대단한 구실을 했지만 이젠 세상이 달라졌다.

요즘은 간단하고도 효과적으로 자신을 표현할 수 있는 도구는 회원증과 자격증이다.

운전면허증은 대부분이 가지고 있으니까 골프, 요트, 스쿠버다이빙 클럽 회원증 같은 것이 좋다. 낚시 동호인회 등도 괜찮다. 경영자 가운데는 고령이고 그러한 취미를 가지고 있는 사람이 많으므로 뜻밖의 기회에 인정을 받을 수 있다.

자격증이라고 해서 반드시 고등고시 같은 합격하기 힘든, 어려운 것을 택해서 고생할 필요는 없다. 또 동시통역사 같은 전문적인 분야의 것이 아니라도 상관없다. 물론 그와 같이 어렵고 가치 있는 자격증을 딸 수만 있다면 얼마나 좋겠냐마는 꼭 그럴 필요는 없다는 이야기이다.

업무에 직접 관계가 없더라도 비교적 간단한 자격증을 몇 개 갖는 게 현명하다. 봉급생활 탈출이 목적이라면 부동산중개사, 관광안내원 같은 자격증이 좋을 것이고 그렇지 않다면 가지고 있더라도 별 도움이 안 되는 자격증도 상관없다.

그런 자격증이라 하더라도 다른 업종의 사람들에게는 어딘가

203

의외성이 있고 유능한 듯이 보인다. 더구나 회사에 몸을 담고 있으면서 자격을 취득하면 자신의 발전을 위해 노력하는 사람으로 높은 평가를 받을 수 있다.

마지막으로 비즈니스맨에게 필요한 또 하나의 무기를 거론해 보자.

그 무기는 '돈'이다. 그것도 현금이다.

당신이 비즈니스계의 어떤 위치에 있든 혹은 신용카드 문화가 아무리 일반화된다 하더라도 어느 정도 일정한 목돈을 항상 가지고 다니는 것이 좋다.

완전한 신용카드시대가 되더라도 현금이 필요한 경우는 반드시 있다. 아무리 당신이 첨단을 달리는 사람이라 할지라도 관혼상제에 크레디트카드를 봉투에 넣어 보내거나 은행온라인으로 보낼 수는 없지 않은가.

신용카드가 보급되면 될수록 현금이 필요할 때 거리낌없이 현금을 내놓을 수 있으면 관리직으로서의 당신의 존재는 빛난다. 결국 비즈니스에서 모든 일의 마지막은 돈이다.

지피지기면 백전백승이다
정보는 비즈니스맨의 생명이다

"적을 알고 나를 알면 백 번 싸워도 위태롭지 아니하다." 예부터 누구보다도 빨리 정확한 정보를 입수하는 것이 전쟁에서 승리하는 최선의 방법으로 알려져 왔다. 더욱이 현대는 고도의 정보화 사회이다. 정보를 가진 사람이 출세경쟁에서도 다른 사람보다 한걸음 앞설 수가 있는 것은 너무도 당연한 이치이다. 분명히 올바르게 인식해야 한다. 그렇다고 해서 '정보를 항상 수집하지 않으면 안 된다'는 강박관념은 아무런 도움이 되지 않는다. 반대로 그럴수록 항상 "정보를 버리도록 노력하라"는 말을 기억할 필요가 있다.

5 정보는 효율적으로 버려라

현대는 정보범람의 시대이며 정보평준화 시대이다. 인터넷이라는 광통신망은 광범위한 양의 정보를 누구나 어떤 정보든지 쉽게 손에 넣을 수 있도록 제공하고 있다.

'조지 미케시' 원작소설 '스파이가 되고 싶었던 스파이'에는 KGB가 필사적으로 찾고 있던 '시금치 커피'의 원료가 되는 시금치의 품종과 공장의 도면이 알고 보니 팸플릿에 소상하게 적혀있었다는 이야기가 있다.

물론 도처에 널려 있는 산업스파이를 풍자한 이야기지만 현실적으로도 비슷한 경우는 얼마든지 있다.

어쨌든 마음만 먹으면 손쉽게 정보를 입수할 수 있는 것이 요즘 세상이다. 오히려 생각하지도 않고 있는데 정보가 멋대로 굴러들어오는 형편이다. 이런 시대에는 막연한 정보수집 자체는 거의 의미가 없다.

"누구나 알고 있는 정보는 이미 정보가 아니다."

이 말을 명심해야 한다. 예를 들어 그것이 바이오테크놀러지이든, 반도체기술이든, 요즘 최첨단으로 불리는 정보를 입수했다고 해서 우쭐해 있는 사람은 한번쯤 냉정하게 주위를 살펴볼 필요가 있다. 보라! 그런 정보쯤은 TV에서도 매일 떠들어대고 있고 모두가 갖고 있지 않은가?

TV, 라디오, 신문, 잡지, 책 등 '정보'와 관련된 매체는 모두 섭렵하여 정보를 습득하는 '공부하는 비즈니스맨'을 앞지르려면 어떻게 하면 정보를 효율적으로 버릴 수 있을까를 연구해야 한다. 21세기는 '정보수집' '정보정리'가 아닌 '정보 셧아웃' 시대가 된다.

누구나가 알고 있는, 또는 알아낼 수가 있는 정보를 미친듯이 찾아다니는 어리석은 짓은 당신의 경쟁자들이나 하도록 내버려두는 게 좋다.

100m경주에서 0.1초 빨리 테이프를 끊기 위한 노력은 수험생이나 비즈니스맨의 도토리 키재기에는 도움이 될지 모르지만 비즈니스맨들의 치열한 경쟁에서는 별 의미가 없다는 것을 잊어서는 안 된다.

사실 비슷한 능력을 가진 사람들이 몇 년의 시간이 흐른 뒤에는 상당한 격차를 보이게 되는 까닭은 무엇일까?

서로의 활동을 제약하는 아무런 장치도 없고 그렇다고 노력을 하지 않는 것도 아닌데 사회적 지휘에 격차가 나타나는 것을 어떻게 설명할 수 있을까

이러한 차이가 오늘을 살아가는 현대인의 정보의 선택 능력의

차이가 아닐까?

현대와 같은 정보화시대에 앞서가기 위해서는 노력과 시간의 효율성을 극대화시켜야하고 그러기위해서는 뛰어난 정보처리 능력이 요구되어 진다. 남보다 빠르게 알짜의 정보를 입수하고 분석하여 실제 프로젝드에 활용할 수 있을 때 노력과 시간의 효율성은 높아지게 되는 것이다. 이러한 정보처리능력이야말로 현대의 비즈니스맨들에게는 커다란 재산이며 창조력의 근본이 된다. 창조력이란 혹은 기획력이란 다름 아닌 정보를 분석하고 새로운 아이디어를 창조해내는 능력이다. 그러면 오늘날과 같은 정보의 홍수 속에서 어떻게 자신에게 꼭 필요한 정보를 선별해서 활용할 수 있을까? 먼저 어머니와 같은 품성으로 주변을 섬세하게 살펴야 한다. 마치 시를 쓰는 시인들이 사물을 관찰하듯이 따뜻한 시선으로 주변을 바라보아야 한다.

다음으로는 정보를 입수한 후 그 정보를 효율성 있게 활용하는 지혜가 필요하다.

아이디어를 만드는 일 못지않게 그 아이디어를 남들에게 이해시키고 전달하는 일도 중요하기 때문이다. 정보를 전달하는 데에도 정보를 개발하는 만큼이나 노력과 기술이 필요하다. 모든 사람의 능력은 타고나는 것도 있지만 후천적인 노력에 의해서 분명히 길러질 수 있기 때문이다. 정보는 사실 시점과 시기가 가장 중요하다.

필요할 때 쓰지 못할 정보라면 그런 정보는 아무짝에도 쓸모가 없기 때문이다. 따라서 유용한 정보들을 활용할 수 있는 커뮤니케이션능력을 기르는 것이야말로 가장 중요한 정보처리능력의 관건이라 할 수 있는 것이다. 정보를 어떻게 입수하느냐도 매우 중요하지만 어떻게 활용하느냐가 더욱 중요하다는 것을 다시한 번 강조해 두는 바이다.

자료정리는 남에게 맡겨라

오늘날은 신문이 잡지처럼 발간되고 있다. 단순한 정보전달의 차원에서 탈피해서 정보를 섹션별로 간추려 읽게 하려는 잡지적인 지면제작을 하고 있다는 얘기다. 반면 잡지는 잡지대로 단행본처럼 만들어지고 있다. 과장된 빈약한 정보가 아니라 특집호 혹은 별책 등에 의해 웬만한 단행본정도의 내용이 담긴 잡지책이 나오고 있다. 반면에 단행본도 잡지적이기를 지향하고 있고 유행성이 강한 얄팍한 내용의 책이 범람하고 있다.

다시 말해서 신문, 잡지, 단행본서적이 서로 비슷해지고 있다는 이야기이다. 따라서 같은 정보를 얻기 위해서 신문, 잡지, 책을 모두 읽는 사람은 3배나 수고를 하고 있는 셈이 되는 것이다.

일반신문은 TV로 대신하는 등 가능한 헛수고를 줄여야 남보다 앞서 정보를 파악할 수가 있다.

때로는 세상의 이모저모를 알기위해 신문, 잡지를 읽는 것도 괜찮지만 이 때 주의할 점은 뉴스의 소스가 일부에 치우치지 않도록 할 일이다. 좀더 폭넓게 정보원에 접하도록 한다.

방법은 간단하다. 일정한 지점을 정해두고 (예를 들면 지하철 내의 광고란) 그곳에 등장하는 정보는 적극적으로 섭렵하는 것이다. 이 방법에는 비용이 들지 않는다는 큰 강점도 있다.

여기서 정보정리에 관해 생각해 보자.

앞서 말한 대로 자료를 기준 없이 무작정 모아들이는 것은 아무런 의미가 없으며 결국 자료에 짓눌리는 상황을 초래하고 만다. 그런 잘못을 저질러선 안 된다.

자료는 가능한 보관하지 말고 정보수집벽이 있는 사람이 주변에 있으면 그 사람에게 맡기도록 하라 그들은 기꺼이 정리하고 보관해 줄 것이다. 그런 사람은 자료의 정리 보존에 에너지를 모두 써버려서 습득한 정보를 활용할 여력이 없는 사람이므로 당신의 경쟁자가 될 위험성이 가장 적은 사람이기도 하다.

지식은 독서를 통해서 흡수하라

위에서 원칙을 확인했으므로 이제는 구체적인 방법을 통하여 정보수집의 방법을 알아보자. 이미 당신은 정보수집에 쏟는 시간과 에너지를 대폭 경감할 수 있게 됐다. 그 남은 시간에 다른 사람이 엄두도 내지 못하는 본격적인 공부를 해볼까 하는 사람도 있을 것이다. 그런 생각 자체를 부정할 의사는 없다.

가벼운 How to 서적이나 베스트셀러만을 읽은 까닭에 경제도 회사도 근본적으로는 이해하지 못한 채 경영에 종사하고 있는 딱한 경영자도 적지 않기 때문이다. 어쨌든 공부는 안하는 것보다는 많이 할수록 좋은 것이다.

다만 너무 순진한 마음으로 공부에 몰두하면 역효과가 나타날 위험성도 있으므로 주의해야 한다.

법률공부를 한다면서 '육법전서'를 사들여 상법이나 노동법을 밤을 세워 읽고 자신의 회사가 위법행위만을 일삼고 있음을 깨닫게 되거나 경제학을 깊이 공부해 보니까 자신의 회사가 어떻게 존립하고 있는지 납득할 수 없게까지 된다면 곤란하다. 이론이나 학설은 현실적 프로젝트의 원칙이 되는 것은 분명하지만 항상 현실에 의해 뒤집히는 운명을 지니고 있다는 점을 새삼 명심해야 한다.

다른 사람이 얻기 어려운 정보를 어떻게 수집하는가가 정보를 활용하는 핵심인 까닭에 '본격적인 공부'도 잘못은 아니다. 하지만 정보의 루트가 그것뿐이라고 생각하는 것은 대단히 잘못된 생각이다. 그것은 사고방식의 경직화 때문이라고 볼 수밖에 없다. 실제로 정보의 루트는 무궁무진한 것이다.

물론 손에 넣은 정보가 비즈니스에 도움이 되고 자신의 성공에 도움이 되는 정보여야 한다는 것은 말할 필요도 없다. 여기 그 전형적인 패턴을 하나 제시한다.

정보를 얻으려면 정보망을 만들어야 한다. 이것이 첫째 포인트다. 가장 중요한 정보망은 이런저런 사실이 아니라 사람이다. 따라서 훌륭한 정보망을 형성하기 위해서는 인간을 잡아야 한다. 아무리 고성능인 컴퓨터라도 입력되어있지 않은 정보는 제공해 주지 않으며 입력돼 있는 정보라도 올바르게 조작하지 않으면 나오지 않는다.

반면 인간은 유형무형의 지식을 머리에 저장해두고 필요할 때 비논리적으로 쏟아내는 신기한 기능을 가지고 있다. 쓸모가 없는 것도 많지만 그보다는 쓸모가 있는 경우도 적지 않다. 그런 것들을 외면할 필요는 없지 않은가.

일렬 횡대식 또는 대면식 등 비교적 접근하기 쉬운 방법으로 인맥 형성을 시작해도 좋지만 여기서 추천하고 싶은 방식은 모임을 만드는 것이다.

열정과 의욕에 불타는 비즈니스맨은 정보를 얻기 위한 욕구도 왕성해서 갖가지 정보를 지니고 있는데 원래 그런 비즈니스맨은 지식욕이 왕성해서 갖가지 정보에 대한 호기심이 많은 법이다. '걸어다니는 사전'이라고 할까, 살아 있는 백과사전을 몇 세트 구입하는 것과 같은 효과를 얻을 수가 있다.

독자 여러분들 가운데는 남들처럼 공부하는 일이 귀찮고 그럴 시간도 없다고 항변하는 사람도 있을 것이다. 그렇다면 더욱이 당신이 직접 그런 일을 할 필요는 없다. 적극적으로 주재자를 자청하고 나서서 장소마련과 연락 등 잡무를 도맡은 다음, 모임을 만들어서 참가자들의 지식을 흡수하기만 하면 된다. 그런 일을 하는 사람은 모임에서 꼭 필요한 사람이기 때문에 모두가 환영할 것이다.

당신 자신은 뒷바라지를 약간 하는 것만으로 양질의 정보망과 'ㅇㅇ모임 총무'라는 정도의 직함을 손에 넣게 된다.

정보는 효과적으로 사용하라

앞에서도 언급한 적이 있지만 정보는 갖고 있기만 해서는 도움이 되지 않는다. 방대한 정보를 정리, 분류해서 축적해두는 일은 도서관장들이나 할 일이다. 그 정보를 어떻게 활용하는가 하는 문제가 비즈니스맨에겐 중요하다. 정보망과 정보정리의 포인트를 파악했으면 이번에는 그 활용법을 연구해 보자.

우선 특정 과제를 스스로 설정하고 그것을 논증해 보도록 한다. 예를 들면 '21세기는 한국의 시대이다' 등.

그 논제를 뒷받침할만한 자료는 무수하게 널려있으므로 훌륭한 논문을 쓸 수가 있을 것이다. 그런데 문제는 진지하게 모든 정보를 종합해서 결론을 내리려고 하면 끝내 결론에 도달하지 못하고 정보의 미로를 여기저기 헤매게 된다는 점이다.

정보는 그때그때 자기가 주장하고 싶은 일을 뒷받침하는 데 필요한 것만 모으면 된다. 그래야만 정보의 노예가 되지 않고 정보를 마음대로 활용할 수가 있다.

그런 훈련을 쌓아두면 당신회사의 생산을 전년 대비 50% 상
승시키거나 50% 축소하자는 업무의 계획을 뒷받침해 줄만한 정
보를 모으기는 식은 죽먹기이다.

만일 그 같은 전망이 잘못된 것이라 하더라도 같은 방식으로
그것은 당신의 책임이 아니고 세계적인 경제 환경의 변화 때문
임을 입증해 버리면 된다.

이 방법의 강점은 당신이 자신에게 불리한 정보를 발표할 필
요가 없다는 점인데 그럼으로써 당신은 일정 수준 이상의 정보
를 보존할 수가 있고 경쟁자들이 그 불리한 정보를 들고 나오더
라도 놀라지 않고 냉정하게 대처할 수가 있다는 것이다.

이러한 정보 활용법으로 단련해두면 당신이 최고경영자가 됐
을 때 부하가운데 자신에게 유리한 정보만을 늘어놓아 억지로
자기주장을 관철하려고 하는 괘씸한 인물이 나타나더라도 그 속
을 단번에 꿰뚫어 볼 수가 있다.

"적을 알고 나를 알면 백번 싸워도 승리할 수 있다."

사내정보가 가장 중요한 정보라는 것을 명심하라

비즈니스맨이 무조건 파악해 둬야할 정보중의 하나가 사내정
보이다. 실은 정보중의 하나가 아닌 비즈니스맨 필수의 정보이

다. '토플러'나 '잭웰치'쯤 되면 몰라도 당장 회사생활에 곤란을 겪게 되지는 않지만 사내정보에 어두우면 절대로 크게 성장할 수 없다는 것을 알아야 한다. 무엇보다도 사내정보에 정통하도록 한다.

그렇다고 해서 사내정보를 주워 모아 여기저기 떠들고 다니는 것 같은 어리석은 짓을 해서는 안 된다. 어느 회사에든지 그런 인간이 한두 사람쯤 있어서 인사이동 때 인기를 한몸에 모으기도 하지만 그런 사람이 크게 성공했다는 얘기는 듣기가 어렵다. 그런 사람은 위에서나 아래에서나 '심부름꾼' 정도로 밖에 보지 않기 때문이다.

진정한 리더는 항상 시야가 높고, 넓으며 인사 같은 사소한 문제는 안중에 없다는 듯이 연출해야만 한다. 떠벌리는 것도 좋지 않지만 무심히 그런 말에 이끌려 "뭐, 전무가 어쨌다고?" 하면서 소문잔치에 끼여드는 것도 금물이다.

술집 같은 곳에서 잡담을 하다가 그런 '사내스피커'에게 "얘기를 듣다 보니 전무가 뭘 어쨌다고 모두 얘기하고 있던데 무슨 일이 있었나" 하고 가능한 초보적인 질문으로 떠보는 게 좋다.

이 경우 될 수 있는 대로 무지한 것처럼, 또 대수롭지 않은 질문을 하고 있는 것처럼 보이도록 한다.

사람의 심리상 상대가 이성이 아니더라도 아무것도 모르는 사람에게는 친절하고 자세하게 가르쳐주고 싶어지는 법이다. 더구나 말끝마다 어수룩하게 놀랐다는 반응을 보이면 어떤 사람이든 기분이 좋아져서 이것저것 가르쳐주려고 노력한다.

또 사내정보에 관한한 무지하다는 점이 결코 마이너스 이미지로 작용하지는 않는다. 도리어 "저 사람은 일은 열심이면서 책략이란 것은 모르는군…"하고 호감을 갖게 돼 관심을 갖지 않아도 먼저 가르쳐주려고 든다.

그래가지고서야 사내 정보에 뒤지는 건 아닐까?

걱정할 필요는 없다. 그러한 상대를 도처에 만들어두면 기회 있을 때마다 정보를 얻을 수 있다. 눈에 띠게 떠벌리는 인간이야말로 "저 친구는 입이 가볍다"는 혹평을 받기 때문에 정보입수가 어려워진다.

뉴스의 정보원으로서 전에는 인사, 총무부의 직원이 각광을 받았지만 최근에는 홍보부나 사보관계자 등이 주목을 받고 있다.

인사부서 사람들은 질문에 지쳐서 상대해 주기를 귀찮아하고 어디까지 얘기해도 좋은지, 어디서부터는 말하지 않는 게 좋은지 기준을 너무도 잘 알고 있다. 그런 사람을 공략해서 설사 어떤 정보를 얻는다 하더라도 지나친 에너지 소모가 뒤따르게 된다.

반면 사보관계자는 사내정보를 광범위하게 다루고 있으면서도 취재당하는 일에 익숙하지가 않다. 그만큼 생각하지도 못한 정보를 흘려줄 가능성이 많은 것이다.

그렇게 해서 얻은 정보는 절대로 다른 사람에게 얘기해선 안된다. 모처럼 얻은 정보를 다른 사람에게 고스란히 건네주는 인간은 대 출세와는 인연이 없다고 봐야 한다.

비즈니스맨의 신 정보원

"당신의 제1의 자료는 동창생 등의 주변인물을 활용해야 한다. 처세술 관계 서적은 너무 음미하면 곤란"

어떤 새로운 사건이 터진다. 신문이 보도하고 잡지가 취재하고 TV가 리포트하며 급기야는 책이 나온다. 이처럼 제각기 법석이지만 다루고 있는 사건은 동일한 사건에 지나지 않는다. 이 같은 꼬리를 물고 돌아가는 정보의 소용돌이 속에 우리는 몸을 두고 있다. 쉽게 말해 정보를 흘리는 측은 새로운 소재를 발굴하기가 귀찮아 묵은 화제를 추적하는 것이다. 그 뒤를 다시 반걸음쯤 늦게 전속력으로 뒤따라가는 식의 정보 수집은 정력의 지나친 낭비라고 아니할 수가 없다.

보다 확실하고도 참신한 정보원을 찾아보자.

우선 최대의 정보원은 당신 자신이다. 적어도 당신은 자신이 종사하고 있는 업계나 회사의 정보를 충분히 숙지하고 있을 것이다. 따라서 당신은 '제1의 자료'이다. 많은 사람들이 깨닫지 못하고 있지만 당신과 같은 제1차 자료를 가공해서 비로소 매스컴에 제2차 자료로서의 정보가 등장하게 된다.

그렇다면 당신은 우선 다른 제1차 자료를 찾아야 한다. 다른 업종에서 일하는 사람들이나 학생시절의 명부는 제1차 자료의 보고이다. 특히 30대 후반 이상의 사람이면 동급생은 각각의 기업에서 그 나름대로의 전망이 있는 자리를 차지하고 있다. 동창회명부의 먼지를 털고 정보망을 만들어 보자. 놀랄만한 정보망이 형성될 것이다.

당신이 몸담고 있는 업계의 정보를 얻으려면 대리점도 큰 정보원이 된다. 현대는 유통 르네상스 시대이다. 같은 물건이 유통단계를 거치는 동안 전혀 다른 상품으로 둔갑해 팔리는 경우도 있다.

가끔 봉사하는 셈치고 아내의 쇼핑 길에도 따라 나서볼 일이다. 이것저것 사주다 보면 인플레를 실감하는 등 귀중한 체험을 할 수가 있다.

현대용어풀이나 각종통계 등 데이터가 가득한 책은 활용하고 있는 사람이 많지 않기 때문에 귀중한 정보원이 될 수 있는데 당신 자신도 그런 책을 사기만 하고 제대로 활용하지 않았을 가능성이 높다. 하지만 그런 책에서 그럴듯한 숫자를 기억해 두었다가 대화도중 인용해서 상대를 어리둥절하게 만들어 보는 것도 즐겁지 않을까.

이 책도 마찬가지이지만 비즈니스맨을 상대로 한 처세술 지침서들은 사교적 대화에 도움이 될 정도로만 훑어보면 되며 너무 자세하게 깊이 음미할 필요는 없다.

성공한 경영자들이 쓴 경영철학이나 좌우명 등도 고지식하게 받아들여선 안 된다. 대개 자신들의 거북한 대목은 빠져 있게 마련이고 '이렇게 했더니 성공했다' 는 단순한 논리의 발상법은 패턴화한 사고를 지니게 할 위험성이 내포돼 있기 때문이다. 그것을 그대로 받아들여 모방하는 건 아무런 의미가 없다.

그런 책을 읽을 틈이 있으면 '정보원' 은 아니지만 가능한 한 객관적으로 서술한 전기 같은 걸 읽는 게 좋다. 지형, 무기, 병력, 포진, 전술 등 종합적인 판단을 기술한 글인 전기는 최고를 지향하는 비즈니스맨들에게 매니지먼트의 한 유형으로 스터디에 아주 유익하다.

자기회사의 역사나 업계의 역사도 좋은 정보원임을 모르고 있는 사람이 의외로 많다. 새로운 정보만을 쫓다보면 자칫 놓치기 쉽지만 실은 현재까지의 경위를 잘 알고 있으면 사소한 지식이나 정보도 입체적인 구도에 집어넣어 평가할 수가 있다. 같은 정보를 얻더라도 그 사용가치가 달라지는 것이다.

또 어떤 업체이든 최초에는 의외로 심플한 구조를 하고 있는 법이다. 지금에 와서는 거대하고 복잡해져서 전체의 구조를 파악하기 어려울 정도인 경우에도 원형이 어떠했는지를 알고 있으면 그 복잡한 현상을 이해하기가 쉽다.

새로운 것만을 추적해서 머릿속을 혼란한 정보의 창고가 되게 해서는 안 된다. 지금은 거대한 빌딩을 소유하고 있는 자기회사가 처음에는 출입구가 반 칸밖에 안 되는 가건물에서 시작했다는 사실을 발견하고 다소 후련해하는 것도 정신위생상 좋은 일이다.

세계정세 등도 일단 과거의 정세를 파악한 다음 새 뉴스를 접하면 정보를 활용하기가 쉽다. 보다 최근의 상세한 세상움직임을 알고 싶으면 TV를 이용하는 게 좋다. 뉴스나 교양프로를 보라는 말이 아니다. VTR을 이용해서 평소에는 볼 수 없는 아침방송 등을 녹화해 두었다가 본다. 당신이 회사에서 일을 하고 있는 동안 주부와 어린이들이 어떤 프로를 보고 있는 가를 알게 되면 신선한 자극도 될 뿐 아니라 세상물정을 잘 알 수 있다.

정보원은 더 없을까? 최고의 정보원이 당신 눈 앞에 있다. 회사야말로 최고의 정보원이다. 회사에 들어오는 정보의 우수성을 다시 한번 재인식할 필요가 있다. 바로 그 점이 비즈니스맨의 비결이다. 바깥만을 너무 열심히 살피지 말고 발밑의 보물을 놓치지 말도록 하라.

시간은 곧 돈이다
시간활용의 전략을 세워라

                  우리나라의 많은 비즈니스맨들은 시간을 관리한다는 관념이 희박하다.

   생산성향상을 외치면서 부품 1개의 조립시간을 1초 단축하자고 필사적으로 열을 올리면서 반면에, 프로야구 빅게임이라도 있는 날이면 어김없이 다방이 샐러리맨으로 만원이 되기도 한다. IMF 이후 최근에는 다소 줄었지만 근무시간 중에 이발소에 가거나 치과에 가는 정도는 묵인해 주는 듯한 분위기가 지배적이었다.

다른 한편에서는 기능직의 생산성 향상이 어느 정도의 성과를 올리자 사무직의 생산성 향상에 눈을 돌리는 기업이 늘어나고 있다. 최근 붐이 일기 시작한 Office Automation이란 쉽게 말해 사무직의 생산성을 향상 시키려는 시도인 것이다.

"시간은 스스로 관리하라"

만일 당신이 최고경영자의 입장에서 사람을 부리는 경우라면 부하들에게 이래라 저래라 할 필요조차 없다. '시간관리' 같은 말은 한마디도 하지 않고도 OA화를 추진하기만 하면 사원들은 남에게 뒤질지도 모른다는 불안감, 또는 엘리트사원이 되겠다는 욕심으로 근무시간외에도 자발적으로 연수를 하고 또 자발적으로 생산성 향상에 힘을 쏟는다.

특히 지시하는 대로만 움직이는 젊은 사원들은 열심히 하기 마련이어서 한가지 업무를 완벽하게 처리하고나면 "더 어려운 일은 없습니까" 하고 자발적으로 업무를 요청하기도 한다. 이보다 더 좋은 시간의 관리방법은 없다. 이 방법을 계속 잘 활용해서 자발적인 시간관리가 몸에 배도록 하면 된다.

그러나 반대로 당신이 경영자가 아닌 피고용자의 입장일 경우에는 상황은 180도로 달라진다. 회사측이 일방적으로 대가도 별로 지불하지 않으면서 노동생산성만 높이기 위해 뻔뻔스런 책략과 모략을 쓰려고 한다면 끌려 다니기만 해서는 안 된다.

시간관리를 회사에 일임해 버리면 십중팔구 그러한 일방적인 처사를 감수할 수밖에 없다. 때문에 당신 독자적으로 시간관리를 해야 하며 그럼으로써 일의 효율이 높아졌으면 거기에서 나오는 이익은 필히 자기 것으로 만들지 않으면 안 된다. 그래야만 성공으로 가는 출세의 길도 열리게 되기 때문이다.

궂은 일만 떠맡기고 달콤한 일은 몽땅 빼앗아가도 싱글벙글, "우리도 사무용 컴퓨터를 도입하면 어떨까요"하면서 즐겁게 일이나 하는 호인을 중요한 관리직으로 발탁하는 기업이 도대체 어디 있단 말인가. 좋은 게 좋은 식의 미지근한 태도로 비즈니스 사회의 가혹한 경쟁을 이겨낸다는 것은 무리이다.

잡무는 시간관리의 적

'시간관리'에 관해서는 관리하는 사측의 입장과 관리를 당하는 직원으로서의 입장의 차이에 문제가 있다는 점을 알았으므로 각론에 들어가기 전에 우선 전체적으로 생각을 해 보자.

당신이 어느 쪽에 속해 있든 간에 시간이 남아서 문제가 되지는 않을 것이다. 당신뿐만 아니라 상사나 부하도 마찬가지이다. 앞에서 언급한 OA의 예를 보아도 그렇고 Entropy이론(어떤 물질이 방해를 제치고 어떤 일을 하려고 하는 현상)을 보아도 그렇듯 현대는 '가속'의 시대이다.

생산효율을 높여서 생산력을 증대시키려는 운동이 갈수록 가속화하고 있고 그런 세계적 현상은 당신 주변에까지 밀려와 있을 것이다. 만일 당신이 회사에서 시간이 남아 걱정이라면 일단 행복하다고 말할 수밖에 없다.

왜 하루는 24시간뿐일까. 1시간만이라도 더 있었으면…. 그런 생각을 하는 비즈니스맨이 적지 않다.

'화장실에서 영어단어를 외운다' '전화를 10초 빨리 끊도록 힘쓴다' 등의 '시간활용술'이 등장하는 것도 그 때문이다. 그러나 이런 단순한 발상법으로 시간을 잘 관리할 수 있다고 생각하는 건 평범한 개량적 발상법에 지나지 않는다. 그런 푼돈 모으기식 시간관리에서 벗어나려면 과감한 발상의 전환이 필요하다.

전략적 차원에서 시간의 관리는 모든 인간의 활동이 최소한의 노력으로 최대의 성과를 거두는데 집중되어 있는 경제논리와 마찬가지로 시간의 낭비 없이 성과를 거두는 것을 의미한다.

현재 우리나라 최고의 작가 중에 한 사람으로서 최고의 수입을 올리고 있는 이문열씨의 경우 집필 시간을 따로 정해놓고 글을 쓴 것이 아니라 틈나는 시간을 모아서 글을 쓴다고 고백한 적이 있다.

나름대로 시간의 전략적 사용을 잘 보여주는 예라고 할 수 있다.

구체적으로 들어가서 보자.

우선 노동을 할 수 있는 최대한의 시간을 산출해 보자. 하루는

24시간으로 정해져 있다. 그 가운데 수면에 필요한 시간이 6시간이라고 치자. 다음 식사, 세수, 화장실 등 생리적으로 필요한 시간을 뺀다. 합쳐 1시간 반이라고 가정하자.

당신이 큰 마음먹고 가재도구까지 가지고 가서 회사에 입주하여 쉬지 않고 일만 한다면 16시간 반의 노동이 가능하다. 그렇게 해서 시간을 최대한 활용하는 것도 문제해결의 한 방법이긴 하다.

그렇게까지 해도 노동에 할애할 수 있는 시간은 16시간 반밖에 안 된다. 거기서 휴식 가정봉사 교제 등의 시간을 빼면 어떻게 될까. 16시간 반밖에 없는 시간이 야금야금 잘려 나간다. 그렇다면 어떻게 해야 할까.

일을 덜 하는 길밖에는 없다.

우선 퇴근하기 전에 그날 집행한 업무를 나열해 보는 작업을 2~3일, 가능하면 1주일쯤 해 보도록 하라. 상당히 많은 일을 한 것 같은 날에도 당신이 아니면 할 수 없는 업무, 당신이 꼭 했어야하는 업무는 의외로 드물다는 사실을 발견하게 된다. 그렇게 분류해 보면 잡무 쪽이 훨씬 많다.

그런 (누구나 할 수 있는, 누군가 다른 사람이 했어야할)업무를 철저하게 배제해야 하는 것이다. 현재 관리직이라면 부하에게 그런 일을 아낌없이 넘겨준다.

하지만 역시 내가 하지 않으면 하는 발상은 금물이다. 관리직의 임무에는 후배의 지도도 분명히 포함되어 있기 때문이다. 바꾸어 말해서 자신의 부하직원을 마음껏 활용할 수 있어야 한다는 것이다. 동시에 불평을 하지 않고 일하도록 유도해야한다.

자신의 부하가 없는 사람이라도 전화응대, 서류정리 같은 잡무는 절대로 해선 안 된다. 귀중한 노동력인 당신이 그런 비본질적인 업무에 시간을 써서야 되겠는가. 당신은 진짜 중요한 업무에만 몰두하고 잡일은 다른 사람에게 맡기면 된다. 그렇게 일을 계속해 나가면 어느 틈엔가 당신은 정말 귀중한 노동력이 돼 있을 것이다. 서류정리가 능숙해졌다고 해서 엘리트 사원이 되는 것은 아니라는 것을 명심하도록 하라.

자기회사의 실태를 파악하라

본론으로 들어가자. 우선 당신 회사의 시간관리 실태를 파악할 필요가 있다.

앞에서 언급한 바와 같이 프로복싱 '호야 - 차베스' 라이벌전 같은 빅게임이 있는 날이면 업무가 마비상태가 돼버리는 기업도 있다. 그런가하면 5분 간격으로 업무보고를 시키는 기업, 내근자는 출근에서 퇴근까지 사외로는 한걸음도 못나가게 하고 자리를 뜰 땐 가는 곳을 항상 밝히도록 요구하는 기업도 있다.

중요한 것은 자신의 페이스대로 자신의 능력을 효율적으로 발휘하는 일을 하면 되므로 회사측의 시간관리가 엄격한가 느슨한가 하는 것은 중요하지 않다. 그러나 일반적으로는 느슨한 편이 자기 페이스에 맞게 시간관리를 하기가 쉬운 건 사실이다.

　동시에 사내의 잡무로는 어떤 것들이 있으며 어떻게 하면 그런 일들을 피할 수 있는지도 연구해 둔다. 그런 일들은 글자 그대로 잡무이므로 처리능력이 뒤떨어지더라도 인사고과에는 영향을 미치지 않는다.(하지도 않겠고 할 수도 없다) 즉 가능하면 하지 말고 가끔 하더라도 잘못하는 것 같은 인상을 주위에 줄 필요가 있다.

　회사란 잡다한 여러 부류의 사람들의 모임이므로 그럭저럭하는 사이에 어느 틈엔가 각자의 역할이 정해지는 법이다. 다라서 시간이 다소 흐르면 자연히 잡무는 당신 앞을 통과하게 될 것이다.

　그러나 개중에는 시들한 일만 시키는 상사라든지 시누이처럼 사사건건 참견하려하는 상사도 있다.

　그런 경우에는 핀트가 다소 맞지 않는 거창한 일을 하면 된다. 당신이 외향적인 성격이라면 깜짝 놀랄만한 거물과 관계를 갖거나 대형프로젝트 구상을 터뜨려 보이는 것이 좋다. 내성적이면 닥치는 대로 자료를 조사해서 방대하고도 본격적인 보고서를 작성한다. 그것을 회사가 예기하지 못한 시기에 공표한다.

　그런 일을 1년에 한 두 번 해내면 어느 틈엔가 그는 큰 인물이므로 어설픈 관리는 하지 않아야만 능력을 발휘한다는 알쏭달쏭한 평가가 정착된다. 그쯤 되면 내가 가끔 행방불명된다 하더라도 이번에도 뭔가가 있겠지 하고 기대해준다.

특성을 찾아 대책을 세워라

시간관리는 성공적인 비즈니스를 위한 지기관리의 문제임과 동시에 주위로부터의 평가와 직결되어 있는 문제라는 양면성을 가지고 있다.

같은 업무량을 똑같은 시간에 처리했더라도 효율적으로 해냈다고 칭찬받는 사람이 있는가하면 겨우 해냈구나하는 평가밖에 받지 못하는 사람도 있다. 다른 사람보다 과중한 업무를 문제없이 처리하고도 여유를 보이며 "저 사람은 시간을 잘 활용한다" 는 평을 듣는 것도 하나의 전략적 시간관리이다.

앞에서 나온 예도 그 중 한가지이다. 남과 같은 평면에서 일을 하는 것보다는 자기에게 맞는 활동범위를 만들어 일을 함으로써 '뭔지 알 수 없지만 유능한 것 같다' 는 생각이 들도록 행동하는 방법이다.

좀더 일반적인 방법으로는 역시 한걸음 앞서서 시간을 맞추는 것이다.

즉, 잡무를 배제한 결과 시간의 여유가 생겼을 때 당신이 해야 할 일은 '현재의 업무를 좀더 철저히 한다' 는 것도 아니고 '원대한 장래계획을 세운다' 는 것도 아니다. 우선 다음에 할 일, 다음에 도전할 업무에 관한 '예습'을 해야 한다.

특히 새로운 내용의 일이나 새로운 상대와 팀을 이뤄 일을 하게 됐을 때에는 경쟁자들보다 한걸음이든 반걸음이든 앞서야만 하기 때문에 최선을 다해서 그 일을 준비해야 한다.

누구든지 처음 하는 일은 익숙해질 때까지는 힘이 들기 마련이다. 시간도 많이 걸릴 뿐 아니라 성과도 시원찮은 법이다. 그럴 때 다른 사람보다 조금이라도 더 눈에 띄는 성과를 거두면 그것만으로 좋은 평가를 받을 수 있다. 두 번째부터는 누구나 할 수 있는 일이라도, 혹은 똑같은 성과밖에 거둘 수 없었더라도 앞서 얻었던 '유능'이란 레테르는 쉽게 사라지지 않는다.

항상 자기특성에 맞는 연출법을 개발하도록 힘쓰라.

부하의 지도에 시간을 집중하라

자기관리를 하는 것만도 쉽지는 않다. 하물며 다른 사람까지 관리하려면 배나 힘이 들겠지만 이미 당신은 그런 수고를 하지 않아도 되는 방법을 알고 있다. 앞에서 부하에게 일을 이양하는 법을 배웠기 때문이다.

부하를 효율적으로 부리는 최선의 길은 줄이어 시간이 촉박한 일거리를 다소 벅찰 정도로 맡기는 방법이다. 부하들이란 원래 일을 하기 싫어하고 일을 많이 시키면 "내 페이스로 일을 할 수가 없다"며 불평을 한다. 그러면서도 여유를 주면 아무리 기다려도 일을 하지 않는다. 그렇기 때문에 부하에게 너그럽게 많은 시간을 주더라도 결코 좋은 결과를 기대하기 어렵다.

부하의 시간은 가능한 짜내어 빼앗아야 한다. 그래야만 비로소 부하들은 효율적으로 시간을 쓰는 능력을 지니게 된다.

그러나 그것을 실행하지 못하는 관리자가 많다. 하나에서 열까지 일거리를 안고 씨름하는 것이 관리자에게는 바람직하지 않다는 걸 알면서도 부하에게 맡기기가 불안한 사람은 어떻게 하면 좋을까.

중병이라도 앓게 되서 회사에 나올 수 없게 되면 자기가 없어도 회사는 잘 돌아간다는 사실을 실감하게 되겠지만 그러한 진실을 백일하에 드러나게 해서는 몸 둘 곳이 없어진다.

그렇다고 해서 누가 봐도 잡무에 지나지 않는 일을 조금씩 부하에게 넘겨줘 보았자 효과가 없다. "내가 아니면…"할만한 일을 과감하게 맡겨야 한다. 한번 시도해서 성공하면 좀더 간단한 일을 이양해 나가면 되고 실패하면 "역시 내가 아니면…"하고 자기만족에 빠져보는 것도 나쁘지 않다.

그렇게 하면 부하들은 자신이 상사로부터 신뢰받고 있다고 믿게 되고 분발하게 되는 효과도 기대할 수 있다. 필요하다면 대외적인 것은 빼고라도 내부적인 업무는 전부 위임해도 상관없다. 그래도 당신에게는 외부에서의 회의 등 일거리가 남게 되고 부하들의 업무를 조정하여 효율적으로 일을 진행하고 잘못을 지적해 주는 등의 중요한 일을 할 수 있다. 그것이 진짜 관리자의 업무인 것이다. 엉거주춤하게 일을 이양한 탓에 시간적 여유도 별로 안 생기고 부하가 잘못한 일이나 바로 잡거나 아니면 미스조차 발견하지 못하고 넘어가는 최악의 케이스만은 절대로 만들어서는 안 된다.

이제 당신은 시간이 충분해졌다. 그 시간을 충분히 활용해서 어설픈 풋내기들이 한 일에서 잘못된 점을 시누이처럼 찾아내면 된다. 드라마에서 보는 것처럼 완벽한 일처리란 현실에서는 찾아보기 힘든 법이고 실행으로 옮기기보다는 비판하기가 언제나 수월한 것이다.

아무리 작은 실수라 하더라도 그것을 구심점으로 삼아 당신이 서류를 전면적으로 손질한다고 해서 누가 당신이 관리직으로서 태만했다고 말 할 수 있겠는가.

사람의 잘못을 발견하는 작업은 즐거운 일이므로 시간 보내기에 좋다. 그리고도 여유가 있으면 위의 상사나 외부인사와의 교제에 적극적으로 임한다.

관리직은 임원보다 스케일이 큰 일을 추진할 수 있어야 한다. 의자에 붙어 있는 것보다는 밖에서 바쁘게 움직이는 편이 그럴 듯해 보인다. 밖에서 보기에도 내부 일은 빈틈없이 처리하면서 외부에서도 적극적으로 일하는 것처럼 보여서 무척 효율적으로 근무하는 사람으로 평가해준다.

혹시 밖에서 거래선의 직원과 잡담이나 나누며 술을 먹었을 뿐이라고 해도 탄로날 염려가 거의 없기도 하고…, 그 결과 큰 거래가 성립되면 더 말할 나위도 없고, 설사 거래가 이루어지지 않았다 하더라도 관리자라는 거북한 존재가 눈에 띄지 않는 것만으로도 그 사무실은 활기 있게 돌아갈 것이기 때문에 이래저래 이득이게 마련이다.

샐러리맨의 출퇴근 요령

"출근할 때 나쁜 버릇은 정각에 뛰어들거나 10분 늦는 것 매일 정시에 퇴근하면 '월급도둑' 으로 보이기 십상"

비즈니스맨의 시간은 크게 생리적 시간, 근무시간(시간외 포함), 그리고 통근시간으로 나눌 수 있다. 휴식도 필요하지만 그것은 생리적 시간에 포함된다. 개인적인 시간? 그런 말은 관리직의 사전에는 없다.

근무시간도 중요하지만 여기선 그에 못지않게 중요한 통근 시간에 관해 생각해 보자. 그렇다고 해서 출퇴근 시간에 신문이나 책을 읽으라거나, 외국어 공부를 하라거나 혹은 매월 테마를 정해서 선진국의 각료나 지명을 외워라… 등의 공부하는 관리자를 강요할 생각은 없다.

그보다는 출퇴근의 시간대 선택이 훨씬 중요하다.

출근 때 가장 나쁜 것은 정각에 겨우 뛰어드는 행동이다. 10분가량의 지각은 언어도단. 그럴 바에야 차라리 병원에라도 들러서 진단서를 받아가지고 2~3시간 늦게 들어가는 편이 낫다.

임원이 아침 일찍 나오는 회사일 경우라면 일찍 출근하여 열성사원임을 연출하는 것도 유익한 방법이다. 그러나 중간관리직 정도의 상사가 일찍 나오는 회사에선 효과가 약하다. 2등으로 출근한 사람은 당신이 1등이라는 것을 알지만 3등으로 출근한 사람은 누가 1등인지 알 길이 없고 4등, 5등으로 내려가면 효과는 눈에 띄게 줄어든다. 퇴근할 때도 마찬가지다.

당신이 평소에 '이 사람이라면' 하고 점을 찍어둔 사람(사장이든 임원이든 상사이든 좋다)의 시간대와 맞추는 것이 가장 좋은 출근시간의 결정법이다. 특히 종업원 수가 많은 대기업에서는 '얼굴을 기억시키는' 방법으로 대단히 효과가 크다. 약간의 출근시간 차가 인사고과에 영향을 미치는 경우도 있다. 적당히 결정해선 안 된다.

그에 비해 퇴근시간의 결정은 어렵다. 문제의 인물이 언제 퇴근할 지 알 수 없고 게다가 퇴근 때는 항상 마주친다고 해서 일을 열심히 한다고 평가를 해 주지도 않는다.

퇴근의 경우는 동료의 눈을 의식하여 케이스 바이 케이스로 정하는 게 좋을 것 같다. 누구나 경험해본 일이지만 자신은 열심히 일하고 있는데 태연한 얼굴로 나가는 작자는 아무래도 '월급

도둑'처럼 보이는 법이다. 끝까지 버틸 필요는 없지만 매일 정해진 시간에 귀가하면 아무리 열심히 일을 해도 평가가 낮아질 수 있다.

일찍 나가고 싶더라도 주위 상황을 살펴가며 퇴근시간을 정하는 정도의 여유를 갖는 마음가짐이 필요하다. 아무래도 일찍 나가고 싶다거나 급한 일 때문이라면 퇴근시간 30분전쯤에 '이런, 또 할 일이 남았군' 하면서 사외의 상담을 하러나가는(척한다)식의 공작을 해야 한다. 출퇴근시간에 머리를 어떻게 쓰느냐가 당신의 능력과는 무관하게 당신을 유능하게 만들 수도 있고 무능하게 만들 수도 있다. 통근차 안에선 잠을 자더라도 대세엔 영향이 없는 것이다.

항상 전략적 사고를 하라,
전략적 사고를 하면
경쟁에서 승리할 수 있다

지금까지의 강좌를 통해서 당신은 이제 막연하게 출세하고 싶다는 '소출세주의'를 벗어나서 회사의 나아갈 방향을 좌우하는 최고경영자의 지위가 목표인 '대출세주의'를 지향하게 됐다. 지금부터는 그 목표를 실현하기 위한 구체적인 수단을 연구해 보자.

이번 강좌의 테마는 전략과 절충이다. 기업도 인간의 집단인

이상 그 안에서 일하는 사람들의 능력이 단순히 수치만으로 평가되는 것은 아니다. 따라서 자신을 어떻게 연출해서 상대가 높게 평가할 수 있도록 하는가, 자기 주장을 어떻게 관철시키는가 등도 자신의 발전에는 중요한 요소가 된다.

난세일수록 책략이 필요하다

현대의 비즈니스 세계는 전국시대와 같은 양상을 띠고 있다. 계속되는 불경기 여파로 대폭적인 소비증대를 바랄 수 없는 상황 속에서 기업들은 소비자를 끌어들이기 위해서 치열한 경쟁을 벌이고 있다. 한 기업 안에서도 한정된 포스트를 에워싸고 사원끼리의 경쟁이 치열하게 전개되고 있다. 따라서 경쟁에서 이기기 위해서는 가능한 모든 수단과 방법을 동원해서 경쟁자를 물리치고 이기려는 적극적인 자세가 요구되어진다고 할 수 있다.

자신이 맡은 직무만 충실히 다하면 길은 열리겠지 하는 순진한 생각은 이미 시대에 뒤진 발상일 뿐이다. 현재의 비즈니스 세계는 난세이며 난세는 책략의 시대임을 이해해야 한다.

'기업전략' 같은 말을 즐겨 쓰는 최고경영자나 비즈니스맨들도 막상 난세에 맞부딪치면 고지식하게 눈앞의 정세와 씨름을 하는 경우가 많은 것은 이상한 일이 아닐까?

중국의 대하소설인 '삼국지'에는 난세를 이겨내는 수많은 영웅들과 책사들의 갖가지 술수와 책략이 묘사돼 있고 '금병매'에도 여자를 책략의 일환으로 써서 적을 함락시키는 이야기가 전해지고 있다. 또 그러한 책략을 칭찬하고 장려하는 대목이 나온다. 비즈니스맨들은 이런 사고방식과 전략을 적극적으로 참고하고 도입해서 활용하지 않으면 안 된다.

어떤 세계에서든지 대업을 이루기 위해서는 전략적 사고를 해야 한다. 시의에 맞는 책략을 써서 프로젝트를 성공시킬 수 있는 지혜와 수완이 있어야만 한다.

다만 비즈니스세계에서는 지혜롭지 못하게 책략을 남용할 경우 오히려 위험할 수 있다는 점을 주의해야 한다. 정도를 무시한 채 그때그때 상황에 따라 책략에만 의존한다면 '책략가'로서의 낙인이 찍혀서 자신의 인격을 의심받을 수 있기 때문이다. 대업을 이루기 위한 전략으로서의 책략은 일생에 한두 번쯤이면 충분하다.

그 같은 준비를 충분히 할 수 없는 경우엔 좀더 일상적인 절충에 머무를 일이다. 그런 절충훈련만이라도 평상시에 거듭해나가면 큰 책략을 익히는 디딤돌이 될 수 있다.

출세의 지름길을 확보하라

당신이 전략적으로 책략을 수립해야하는 것은 우선 사내 인사

부문이다. 취직을 할 때는 조금이라도 조건이 좋은 안정된 기업에 들어가려고 필사적으로 노력을 했던 사람도 일단 입사하고 나면 타성에 젖기 쉽다. 그래서는 크게 성공하는 것은 어림도 없다.

비즈니스세계에서 큰 성공의 길에 오르기 위해서는 사내의 핵심 부서에 배치되도록 최대한의 노력을 해야만 한다. 무슨 수를 써서라도 별볼일 없는 부서나 눈에 띄지 않는 부서에 배속되지 않도록 해야 한다. 업적을 올리기가 어려운 그룹내 자회사에 파견근무라도 하게 된다면 그야말로 가장 어리석은 짓이다.

이런 경우에 도움이 되는 것은 사내 인간관계밖에 없다. 아무 짝에도 쓸모없는 무능한 사람이라면 몰라도 그렇지 않다면 연줄을 더듬어서 주류에 속하기가 불가능하진 않을 것이다.

그러기 위해서는 우선 사내인맥을 파악해야 한다. 사내 권력의 주류이면서 발언권이 막강한 사람을 찾아낸다. 만일 취직할 때 나를 추천한 사람이 바로 그런 사람이라면 안성맞춤이다.

만일 그런 사람과의 연줄도 없고 부서도 시원치 않다면 술이든 취미든 좋으니까 그런 사람과 연관을 맺을 수 있는 길을 개척함과 동시에 당신이 원하는 부서와의 교류에 신경을 써야한다. 동기든 선배 또는 후배든 찾아보면 한사람쯤은 그런 부서의 사람과 줄을 댈 수 있을 것이다.

사람을 만난다는 구실로 그방을 드나들면서 분위기나 업무내용을 파악한다. 물론 자신의 성공을 염두에 둔 것이기는 하지만 업무내용 자체가 매력적이기 때문이라는 표정으로 그 부서와 인연을 맺어두면 인사이동이 있을 때에 의외로 큰 덕을 볼 수도 있다.

특히 외부에 파견근무라도 하고 있는 경우라면 그런 식으로라도 접촉을 지속하지 않으면 얼굴조차 잊어버릴지도 모른다. 월급날 나타나서 두루 인사를 해야 하는 것은 말할 것도 없고 뭐든 계기만 있으면 반드시 얼굴을 내밀도록 한다.

동기생쯤은 별로 발언권이 없다고 해서 대수롭지 않게 여기기 쉽지만 그들도 5년 뒤 10년 뒤에는 저절로 중견이 되고 요직을 차지하게 된다는 점을 잊지 말아야 한다. 주류로 자리를 옮기지 못하더라도 주류인 관리직과 관계를 맺어두면 결코 마이너스로는 작용하지 않는다. "돼지는 우선 충분히 살이 찌도록 하라."는 영국의 격언을 다시 한 번 음미할 필요가 있다.

또 홀아비신세로 지방근무를 해야 하는 경우나 방계회사에 파견되어 근무해야 하는 경우를 방지하는 방책도 강구해 둬야한다. 그러나 전근이라 할지라도 성공의 코스가 틀림없다면 만사를 제쳐놓고 받아들여야 한다. 가족들은 적극 반대하게 마련이지만 크게 성공하고 싶다면 나중을 위해서 어느 정도의 희생은 감수해야만 한다.

문제가 되는 것은 조금도 나의 성공에 도움이 되지 않는 전근 또는 파견근무이다. 이를 예방하려면 이동할 수 없는 어려운 사실을 많이 만들어 두도록 한다. 예를 들면 거액의 은행빚을 얻어 집을 사고 아이들은 사립학교에 넣고 운신을 못하는 부모가 계실 땐 가능하다면 모시도록 한다. 담당업무도 이리저리 시스템을 복잡하게 만들어 간단히 인계할 수 없도록 해둔다.

자신의 유능함을 항상 과시하라

같은 일을 해도 어쩐지 잘 하는 것처럼 보이는 사람과 전혀 눈길을 끌지 못하는 사람이 있다. 배속된 부서에 따른 차이에 대해서 앞에서 언급했으므로 여기선 같은 부서에 근무하면서 어떻게 하면 자신의 우수성을 과시할 수 있는가를 생각해 보자.

대부분의 사람들이 잘못 생각하고 있는 것은 주어진 업무의 처리에서 성적을 올리려고 한다는 점이다. 그것도 나쁜 것은 아니지만 자신이 정말 유능한 인물임을 과시하려면 어떤 일을 할당받는 것이 유리할까? 그 단계에서부터 작전을 세워야 한다.

회사의 업무를 개인이 선택할 수 있는 길이 없지 않은가? 라고 반문하는 의견도 있겠지만 반드시 그렇지만은 않다. 편하면서도 성적을 올리기 쉬운 일만을 골라서 하고 어려운 일은 회피하려고만 하면 속이 들여다보여 반감을 사게 되겠지만 개중에는 겉보기에는 어려워 보이지만 실은 그처럼 어렵지 않은 일이라든지 시간과 잔손질은 많이 필요하지만 일 자체는 단순한 업무도 있는 법이다.

특히 노력이 많이 필요한 일은 누구나 싫어하는데 그중에서 비교적 편한 일을 골라서 할 수만 있다면 매일 시간외 근무를 해서 자신의 성실함을 보이도록 한다. 다만 일손이 많이 필요하면서도 중요하지 않은 일이라면 아무런 의미가 없다. 몸담고 있는 부서의 업무를 잘 파악해서 중요하면서도 노력이 많이 필요한 일을 찾아내야 한다.

좀더 적극적으로 행동하고 싶으면 1~2년에 한 건 정도의 프로젝트라도 좋으니까 초대형 성과를 올릴만한 일을 기획하고 실행하도록 한다. 이 경우 초대형프로젝트란 무슨 획기적인 신제품을 개발한다거나 신기술을 도입하고 또는 난공불락의 기업과 거래를 추진하는 등의 말 그대로 큰 프로젝트만을 의미하지는 않는다. 굳이 조건을 들자면 눈에 띄고 성과가 분명하며 거기에다 오래 기억에 남을 만한 일들을, 추진해 볼만한 대형업무라고 하겠다.

조미료 병의 구멍을 0.1mm 넓힘으로써 소비량을 배가시켰다는 어느 외국 기업의 예처럼 효과가 뚜렷하고 오래 기억되고 있다는 점에서 일의 내용 자체는 보잘 것 없음에도 불구하고 대형 프로젝트를 해낸 것과 동일한 케이스로 평가 받고 있다.

거기다가 구멍의 직경을 확정짓기 위해서 매일 늦게 까지 갖가지 직경의 구멍이 뚫린 병마개를 만들어서 테스트했다는 고심담까지 곁들이면 효과만점이다.

이처럼 자신의 이미지를 부각시킬 수 있는 일거리를 항상 찾아내고 아이디어가 떠오르면 즉시 실천하는 적극적인 자세가 필요하다. 그러나 쉴새없이 그런 일만을 찾아서 하면 주변에서는 그것을 당연하게 생각해 버린다. 1~2년에 한 번 정도의 페이스를 지키되 매번 신선한 충격을 주도록 유의한다. 자신의 능력과 재능을 싼 값에 넘기는 것은 금물이다.

외부에는 강한 외교로 임하라

좀더 구체적인 협상의 방법을 살펴보자. 대외적인 협상과 사내의 협상은 말할 필요도 없이 그 방침이 달라야 한다. 우선 대외적인 협상에서의 절충의 포인트를 살펴보자.

외부인사와 협상을 할 때 절충을 이끌어 내는 과정에서 오만하다는 소리를 듣는 것을 두려워해서는 안 된다.

원래 외교란 싸움이면서 동시에 게임이기도 해서 아무리 상식 밖의 조건을 제시하더라도 상관이 없고 반대로 상식 밖의 조건을 제시받았다 하더라도 당황하거나 화를 낼 필요가 없다. 때로는 상식 밖의 조건을 요구하는 거만한 태도도 협상과 절충의 좋은 수단이 될 수 있기 때문이다.

내부적인 협상에 임할 때에는 합리적이고 타당한 의견을 제시하고 또 양보하기도 해서 "사람이 좋다"라는 소리를 듣는 것도 좋지만 대외적인 협상의 자리에서 이런 협상의 태도를 취한다면 상대방으로부터 경멸만을 당할 뿐이다.

협상은 단계적인 작전보다는 고위층을 공략하는 정상탈환의 작전이 좋다. 교섭상대는 가능하면 권한을 갖고 있는 사람을 선택한다. 아무리 마음이 잘 통하더라도 결정할 수 있는 권한이 없는 사람은 협상의 상대로서 아무런 의미가 없다. 어떤 조직에서든지 아래에서부터 결재를 받아나가는 것보다는 위의 결재를 받아버리는 편이 간단하고 또 확실하다. 교섭 도중에 권한을 가진 사람이 나오지 않으면 아주 어려운 조건을 제시해서라도 상층부와 접촉하도록 한다.

말단과의 교섭에선 시종 사태를 혼란으로 몰고 가다가 드디어 책임 있는 인물이 나타나면 돌변해서 상식적인 대화를 한다. "역시 A씨는 말이 통한다."며 치켜세우면 상대는 만족해할 것이고 지금까지 당신을 아주 형편없는 사나이로 생각하고 있는 상대라 할지라도 상식적인 얘기를 하면 그는 부하의 보고를 의심하게 되어 급기야는 당신을 재평가해서 앞으로는 직접 상대해야겠다는 마음을 갖게 된다.

다음은 회사의 조직을 충분히 이용한다.

회사는 방대한 조직이고 시스템이므로 그것을 철저히 이용하지 않으면 안 된다. 앞의 경우와는 반대로 상대가 어려운 조건을 제시하면 결재권이 없다고 꽁무니를 빼거나 상부에서 반대한다면서 책임을 회사에 전가하면서 거절하면 된다. 물론 직함과 명함을 적극적으로 활용한다. "직함으로 일을 하지 말라"는 사람이 있다면 기업은 곧 조직이고 또 조직으로 움직인다는 사실을 이해하지 못하는 무지한 사람이다.

선배나 상사 모두 대외적인 협상에서 곤경에 처했을 때는 그들을 최대한 활용하면서 내세워야 한다. 그럴 때 비로서 존재가치를 부여받는 것이 아닐까.

비즈니스의 세계는 또 다른 모습의 전쟁터라는 점을 다시 인식하자.

실제 전쟁터에서는 사람을 죽이거나 다치게 해도 비난을 받지 않지만 만일 집에서 가족에게 총을 쏜다면 어떻게 될까? 싸움터에서는 극악무도한 짓을 했더라도 집에 돌아오면 선량한 생활인으로 복귀해야만 양식 있는 인간이 된다. 비즈니스의 세계도 마찬가지이다. 개인적인 입장과 비즈니스의 장소는 엄격히 구별하지 않으면 안 된다.

치열하고 살벌한 비즈니스의 세계에서 인간성을 요구하는 것은 목사에게 성경을 버리라는 것과 다름이 없다.

사전에 충분히 손을 쓰도록 하라

사내에서의 절충은 외부에서 절충하는 과정보다 훨씬 어려운 작업이다. 고집으로 밀어붙이기만 해서도 안 되고 또 임기응변으로만 계속 대처할 수도 없다. 장기적인 계획과 전망이 필요하다는 이야기이다.

우선 자기 자신의 위치를 분명히 해두도록 한다. 대부분의 기업이 서구화 되 있다고는 하지만 아직도 한국기업에서는 어떤 일을 시킬 때에는 능력과 적성 등 인간적 요소를 우선 고려하는 게 사실이다. 귀찮은 일이 있을 때 부탁하기 쉬운 사람이 있는가하면 반대로 그런 일을 자연스럽게 회피하는 사람 등 직장 내의 역학관계는 시간이 흐르면서 자신도 모르는 사이에 형성된다.

따라서 가능한 빠른 시간 안에 귀찮은 일을 처리할 수 있는 사람을 찾아내도록 한다.

독자들 중에는 자기 생각만하고 기업전체의 일은 개의치 않는 비즈니스맨만 있다면 기업은 어떻게 되겠느냐고 생각하는 사람도 있을 것이다. 물로 그런 생각은 정당하다. 실제로 귀찮은 일은 아무도 하지 않는 그런 기업이 있다면 그 기업의 장래는 암담하다고 말할 수밖에 없다.

그러나 그런 줄은 알지만 귀찮은 교섭만을 해야 하는 역할을 굳이 당신이 맡을 필요는 없다는 말이다. 누군가가 하지 않으면 안 될 일이라 할지라도 그 사람이 당신이어선 절대 안 된다.

세상은 넓고 사람은 많다. 절묘하게도 회사란 곳은 자기 본위의 이기적인 사람만 모이는 일은 별로 없으며 회사를 위해 멸사봉공 하겠다는 무사정신의 소유자만 모이는 일도 거의 없기 때문이다.

신기하게도 회사조직이란 여러 부류의 사람들이 각자 자기의 역할을 맡도록 돼 있다. 대개의 경우 자연스럽게 정해지는 업무의 역할을 당신만은 주체적으로 선택하도록 한다. 그렇게 해서 절충에 유리한 태세를 갖추어놓으면 당연히 협상에서 성공할 확률은 높아지는데 좀더 확실하게 일을 해두려면 은밀하게 사전 공작을 해야 한다. 이 경우 외부와 절충을 할 때와는 달리 정상의 공략과 저변의 확대라는 양면 작전을 쓴다. 상사에게만 손을 쓰는 것이 아니라 부하에게도 공작을 한다. 그렇게 해두면 상하 일치의 전회사가 한 덩어리가 되어 그 일을 추진하게 되므로 일의 진행이 아주 순조롭다. 이처럼 가능하면 전원일치를 이끌어내는 것이 사내 절충의 포인트다. 그러기 위해선 아랫사람에 대한 사전 공작을 게을리 하지 말아야한다. 반대로 공작을 부탁받았을 때는 기꺼이 응해서 빚을 지게 만들어 놓으면 정말 필요할 때 전원일치의 태세를 갖추기가 쉽다. 실제로 그렇게 되면 책임의 소재도 모호해지기 때문에 일 처리가 훨씬 수월해 질 것이다.

실수를 두려워하지 말라

프로젝트를 망칠 정도의 중대한 실책이 아닌 이상 자신의 실책에 대해서는 면책사유를 찾기보다는 실패를 선언한 후 당당하게 해결책을 찾는 게 유리하다.

일을 하다보면 크든 작든 실수를 범하게 마련이다. 한 번도 실수를 저지르지 않고 정년퇴직을 맞는다는 것은 불가능하다. 물론 일을 전혀 하지 않으면 실책이 원천적으로 봉쇄되겠지만 일을 하지 않을 것이라면 굳이 회사에 나올 필요가 없을 것이다.

비범한 비즈니스맨은 역시 주도적이고 적극적으로 일을 하게 되고 자신의 능력을 발휘하는 만큼 실수도 많이 저지른다. 그럴 경우 당황하거나 주눅들 필요가 없으며 당당하게 처리하는 방법을 생각해두는 것도 큰 성공으로 가는 대출세를 위해선 필요하다.

이럴 경우 실수를 감추려고 해서는 안 되고 장황하게 면책사유를 늘어놓아도 안 된다. 책임을 모면하려는 얄팍한 생각에서가 아니라 말이 많으면 변명을 하는 것처럼 보여서 주위로부터 반발을 사게 된다. 그렇게 하지 않고도 자연스럽게 책임을 모면할 수 있는 화법을 익혀 두도록 한다.

① 우선 당당하게 자신의 실책을 스스로 선언한다. "야단났군, 실패했잖아. 대실패인데…" 이렇게 당당하게 선언해버리면 주위 사람들은 정말 대실패라면 저렇게 당당하게 말을 할 리가 없지 않을까하는 생각을 지니게 된다. 가벼운 농담을 듣는 때와 같은 호기심마저 느낀다. 또 자신의 잘못을 인정하는 것만큼 아름다운 모습은 없다. 그것만으로도 당신은 호연지기의 호방한 기질의 사람으로서 높게 평가받을 수 있다.

② 진지하게 원인을 규명하는 태도를 보이도록 한다. "큰 실

패를 했는데 왜 그랬을까? 또 이런 실패를 해선 안 되는데…. 깊이 한번 생각해 보자". 중요한 것은 이처럼 '이후의 일'로 관심을 옮겨야 한다는 점이다. 실책은 어디까지나 실책이니까 어쩔 수 없고 앞으로의 대책을 강구하는 것이 더 중요한 일이라는 것을 강조한다. 이는 사태해결에 대한 적극적인 모습을 인식시킴으로써 신뢰감을 높일 수 있다.

③ 자신의 실책 이외에 실수의 원인을 찾아내어 늘어놓는다. "여기서 착각을 했나. 좀더 확실히 얘기해 줬으면 좋았을 텐데, 그리고 보니 그때 깨닫기만 했어도 되는 건데….집중적으로 검토하는 체제를 갖춰야겠군."

쉬운 말로 '여기'와 '그때' 실책을 범한 사람이 경솔하지만, 듣고 있는 사람은 마치 그 사람이 실수 한 것은 어쩔 수가 없었구나 하고 생각하게 된다.

이상이 실책을 한 후 뒷수습을 하는 방법이다. 여러 가지 실책의 상황과 케이스를 예상해서 이와 같은 화법을 연습해 두면 반드시 유용하게 쓸 때가 올 것이다. 항상 어떤 어려움에 직면하게 되더라도 여유 있게 대처할 수 있는 당당함을 기르도록 한다.

마음먹은 대로 실행해 보고 만일 실패했을 경우 실패 앞에서도 당당할 수 있다면 비즈니스맨의 생활도 즐거워질 수 있다.

기업은 인맥이다,
인간에게 투자하라

                      10대나 20대 때의 인간관계는 뜻과 감정이 통하는 사람들과의 만남이 대부분으로 말 그대로 친구를 사귀는 것이었다.

    그러나 30세를 지나면서부터는 그런 인간적인 의미에서 친구를 만나기가 쉽지 않다.

    30세 이후부터는 거대한 조직사회의 일원으로서 확실한 자기

자리를 잡아야 하는 때이고 따라서 사람들과의 관계도 자신의 직업이나 회사업무와 관련된 경우가 대부분이다.

사실 사회생활을 하다보면 출세를 하기 위해서는 인맥이 중요하다는 사실을 누구나 느끼게 된다. 비즈니스맨들에게 인맥은 무엇과도 바꿀 수 없는 소중한 정보이자 자산이다. 인맥을 형성하는 것은 굳이 멀리 있는 사람들을 찾아다니면서 시작할 필요는 없다. 내 주변의 사람들로부터 시작하는 것이 좋다. 한국 사람들은 지나치게 학연이나 지연에 집착하고 의존하는 것이 사실이고 또 이것이 사회 문제가 되고 있는 것도 사실이지만 큰 성공을 위해서 기본적으로 학연이나 지연을 관리하는 것이 필요한 것은 너무나도 당연한 일이다.

명심할 것은 계산적인 잣대를 앞세우기보다는(물론 이것은 당연하다) 인간적인 존중과 믿음을 바탕으로 인간관계를 이뤄내야 한다는 것이다. 너무 계산적이고 이기적인 사람들은 어느 곳에서도 환영받지 못한다는 것을 마음속 깊이 새겨두기 바란다. 인맥이라는 것은 오랫동안 많은 사람들과의 관계를 충실하게 쌓아가는 과정에서 생기는 부가가치라는 것을 깨달아야 한다. 최근에는 많은 비즈니스맨들이 자신들만의 독특한 인맥관리방법을 찾아 활용하는 사례가 늘고 있다. 아무리 과학기술이 발달한 첨단 정보의 시대가 온다고 해도 그 사회의 근간을 이루는 것은 역시 사람이다.

경영인을 꿈꾸는 비즈니스맨 가운데 거물급 재계인사의 자서전 한두 권쯤 읽어보지 않은 사람은 없을 것이다. 이런 책들을 들여다보면 그들이 오늘날 큰 성공을 거두고 높은 지위에 오르기까지, 인생의 전기를 맞이했을 때 또 궁지에 빠졌을 때 많은 사람들과의 관계가 어려움을 극복하고 성공을 이루는 데 큰 역할을 했다는 이야기가 빠지지 않고 등장한다.

프로이트는 "인간은 타인과의 만남을 먹고 성장한다." 라고 이야기 한 적이 있다. 사실 인간관계는 어떤 경우에나 매우 중요하지만 특히 큰 성공을 꿈꾸는 사람들에게는 아무리 강조해도 지나치지 않다. 프로이트의 말처럼 새삼스럽게 태공망의 고사를 길게 인용할 필요조차 없을 것 같다.

기업은 바로 인맥이다

한국의 기업사회는 구미의 기업문화와는 다른 비즈니스 세계의 특별한 문화와 인간관계가 존재하는 게 사실이다. 합리주의를 추구하는 미국의 기업들은 자기 주변의 사람을 브레인이라고 칭찬하거나 대화나 협상, 또는 접대조차도 인심을 얻는 기술이라고 강조하는데 이 같은 미국적 비즈니스의 방법론을 한국에서 그대로 적용하려 한다면 큰 낭패를 볼 수가 있다.

한국의 기업 풍토에서는 아직도 파벌과 줄서기가 상존하고 있는 것이 사실이고 예를 들어 자신의 부하가 그다지 유능하지 않아서 상당히 무모한 계획을 입안하여 고집한다 하더라도 개인적으로 친밀하여 자신의 사람으로 여길 경우 무조건 뒤를 밀어주려고 하는 것이 보통이다. 만일 당신이 오후 6시가 되었을 때 재빨리 책상 위를 정리한 뒤 동료들을 의식하지 않고 퇴근할 정도가 못된다면, 또 부득이하게 퇴근 후에 직장동료들과 한잔하러 갔을 때 "지금은 사사로운 시간이니까…" 하면서 상사나 부하와 대등하게 어울리기가 어쩐지 꺼림칙하다면 당신 마음속에는 한국적 조직의 특성이 남아 있다고 보아야 한다.

지금 여기서는 그것이 좋은지 나쁜지 따질 필요는 없다. 일개 회사원으로서 당신은 그 현실을 그대로 받아들일 수밖에 없는 입장이며 설사 잘못된 관행이라 할지라도 그 모든 것을 이용해야 할 테니까 말이다.

기업조직이란 인간이 그 중심을 이루고 있으며 크게 성공을 하느냐 못하느냐 하는 문제는 결국 인간관계에 달려있다고 해도 지나친 말이 아니다.

따라서 크게 출세를 하기 위해서는 그 점을 머릿속에 간직하고 활용해야 한다. 즉 비즈니스의 세계도 연출이라는 점을 명심해야 한다.

우선 주변부터 굳혀라

그렇다면 어떻게 해서 폭넓은 인간관계를 유지하고 양질의 인맥을 형성할 수 있을 까? 하는 점이 주요한 과제로 떠오르게 되는데 우선 주의해야할 점은 '인맥' 이란 말에 현혹되어 무작정 멀리만을 두리번거린다거나 또는 반대로 교제의 틀을 한정지어서는 안 된다는 점이다.

인간은 기본적으로 자신의 마음에 드는 것을 선호하는 본능을 가지고 있다. 이러한 인간의 감정은 지나치게 되면 선입견이나 편견으로 작용하여 인간관계를 한정짓게 되는 잘못을 저지를 수 있다. 폭넓은 인간관계는 성공의 지름길이 될 수 있음을 명심하고 누구에게나 마음을 열어놓고 자신의 사람을 만들 수 있는 비결을 터득한다면 일상생활은 물론이고 비즈니스에서도 당신은 남보다 한발 앞서가는 사람이 될 수 있을 것이다. 비즈니스맨에게는 다른 무엇보다도 '사내인맥' 이 소중하다. 너무 상식적이기 때문에 언급할 필요가 없어서인지 처세나 비즈니스를 다룬 서적에서도 '인맥' 에 관한 한 사외 인맥을 많이 취급하고 있는데 그래서인지는 몰라도 많은 비즈니스맨들이 사내인맥의 중요성에 대해서는 소홀히 한 채 사외 인맥만을 형성하려고하는 치명적인 잘못을 저지르는 게 보통이다.

한잔하러 갈 때나, 출장을 갈 때, 또는 여행을 가거나 사원들이 모여 움직일 때이면 대개 회사 내의 규율이 그대로 따라다닌다.

따라서 너무 상식적인 이야기이지만 우선 부서내의 커뮤니케이션 확립에 신경을 써야 한다.

어제 퇴근할 때까지 A라는 방침을 밀고 나가기로 과의 의견이 일치했었는데 오늘 아침 출근해 보니까 B라는 방침을 채택하자는 분위기로 돌변해 있는 경험을 한 일은 없는지.

동료들과의 '술자리'를 소홀히 하면 그처럼 따돌림을 당할 수도 있으므로 자기주변의 사람들을 절대로 경시해서는 안 된다. 어쨌든 '한잔 하는 자리'는 중요하다. 비즈니스맨이라면 누구나 알고 있듯이 모든 술자리는 바로 본심이 토로되는 장소이다. 하지만 그렇다고 하더라도 술자리에서 너무 많은 속마음을 털어놓아선 안 된다. 의미를 잘 되새겨보면 술자리에서 윗사람이 자주 쓰는 "오늘은 예의고 뭐고 벗어던지고 마시자"는 말이 새빨간 거짓말이듯이 '술자리는 속마음의 광장'이란 말도 그 나름대로 한정된 범위를 전제로 한 표현일 뿐이다. 다만 맨 정신으로는 하기 어려운 말도 술이 들어가면 술술 나오는 경우가 있다. 이것이 '본심'이라면 본심이겠지만…. 평범한 사람이라면 그런 자리에서 평소에 쌓인 불만을 거리낌 없이 말해 버린다. 그러나 그런 자리일수록 격의 없는 대화를 유도해야 한다. 멀쩡한 정신으로는 낯간지러운 내용이라도 술자리에선 솔직하게 감정을 담아 얘기할 수가 있고 듣는 사람도 모르는 사이 믿고 싶은 기분이 된다.

회식장소에서의 발언은 가능한 한 단순하고 명쾌해야 한다.

이것은 여자를 설득할 때도 좋은 방법의 대화이다. 아무튼 성공적인 대인관계를 유지하기 위해서는 항상 타인에게 마음의 문을 열고 그들과 격의 없는 대화를 나눌 수 있는 자세를 가져야 한다.

개인정보에 주목하라

주변을 굳혔으면 서서히 활동범위를 넓힌다. 그렇다고 해서 단숨에 사외로 뛰어나가선 안 된다. 인맥의 이용가치는 거리가 멀수록 의외성에 의한 효과는 있지만 이용가능 횟수는 줄어든다. 사외의 인맥은 이 때다 싶은 기회일 때만 활용해야하며 아무 때나 찔끔찔끔 자랑해서는 안 된다.

사내야말로 풍부한 인맥의 보고이다. 이곳을 활용하지 못하면 안 된다. 브레이크가 잘 걸리는 품의서라든지 경리부서 경유 서류를 당신의 얼굴로 통과시킬 수 있을 정도가 되면 당신은 사내에서 무시할 수 없는 세력을 지니게 되는 것이다.

그러기 위해선 다른 사람과 똑같은 행동을 해서는 안 된다. 최근에는 평생직장이라는 개념이 희박해졌고 회사에 대한 충성심이 떨어졌기 때문에 업무시간 이외에는 회사를 떠나 시간을 보내려는 사람이 늘고 있는데 이런 풍조야말로 당신에게 귀중한 기회를 제공해 주는 현상이라 아니할 수 없다.

회사에서는 일상적인 업무 이외에도 많은 행사가 진행된다.

시무식, 망년회, 단체여행 이외에도 입사식, 환영회, 송별회 또는 신제품발표회 등 손꼽아보면 꽤 많은 행사가 이루어진다.

그런 곳을 인맥을 넓히는 장소로 철저하게 활용해야 한다. 그런 행사에 차출됐다고 해서 '업무외의 일로 시간을 뺏는다'며 투덜투덜하는 것은 현명하지 못한 처사이다. 도리어 적극적으로 참가해서 여러 부서 사람들과의 연줄을 만들도록 노력해야 한다. 얼굴을 익혀놓으면 나중에 무언가 부탁할 일이 생겼을 때 부탁하기가 쉬워진다.

가능하면 사원명부와 회사의 사원조직표를 입수해서 자기 나름의 사내 인맥도를 작성해 보는 것이 좋고 사원의 개인정보를 저장해두는 것도 좋은 방법이다.

대부분의 사람들이 깨닫지 못하고 있는 사실이지만 대개의 비즈니스맨들은 추석선물 등은 매년 빠짐없이 잘 하고 있으면서도 상사나 동료의 개인정보를 깊이 알려고 하지 않고 또 활용하려고 하지 않는다.

사실 명절 때 선물보다는 자녀의 진학이나 결혼 등을 축하해 주는 편이 훨씬 강한 인상을 준다.

더구나 명절 때에 선물을 보내는 건 어쩐지 아첨하는 것 같은 느낌이 들게 마련이어서 어색한 분위기를 연출할 수도 있으므로 주의해야 한다.

자신이나 가족의 사사로운 일까지 상대가 관심을 갖고 있다는 걸 알면 누구라도 기분이 나쁠 리가 없다.

단 DM을 발송할 경우 흔히 있는 일이지만 정보는 정확성을 기해야 하며 덮어두고 싶은 개인의 프라이버시를 자칫 잘못 건드려서 원망을 듣는 일이 없도록 배려해야 한다.

회장이나 사장의 생일을 알고 있어도 이사나 부장의 생일은 거의 모르는 사람이 많은 만큼 오히려 그런 부분에 주목하는 것도 좋다. 사사로운 정에는 사사로운 정으로 보답하는 것이 오늘날 기업의 정신적 풍토일수도 있기 때문이다.

인재들의 맥점을 찾아라

TV 드라마에서 흔히 볼 수 있는 것처럼 개인정보를 수집해온 덕분에 사장으로 승진이 확실한 임원의 외동딸에 대한 정보를 입수할 수 있었고 그래서 접근한 결과 그 아가씨가 자신에게 홀딱 반해서 결혼으로까지 골인했다는 식의 사랑을 이뤄낼 수 있는 사람이라면 이 책의 이후를 읽을 필요가 없다. 단 한사람이지만 당신은 최고의 인맥을 얻은 것이고 1명의 유력한 인맥은 100명의 무력한 인맥보다 훨씬 유용한 법이기 때문이다.

그런 일은 앞으로 절대로 일어날 리가 없다고 확신하는 사람은 다음으로 넘어가도록 하자. 순서대로 다음은 회사의 사외 두 곳에 걸친 인맥형성에 관한 이야기이다.

위에서 언급한 행사는 사내의 친목회나 경우에 따라서는 노조를 포함한 상당히 넓은 범위의 각종 행사였지만 여기선 그 가운데서도 특히 각종 연수회에 주목해 보기로 한다. 사내뿐만 아니라 사외 연수회라도 상관없다.

다만 연수회는 어디까지나 몸담고 있는 기업의 업종과 관계가 있는 것이어야 한다. 예를 들어 건축업이면 토목공학, 전기분야라면 전자공학 또는 기계물리학 등을 공부하기 위한 것이어야한다.

새삼스럽게 무슨 소리냐며 항의하는 사람도 있을 것이다. 업무로써 매일 다루고 있는 분야를 다시 배우다니 맥 빠지는 소리가 아닌가? 당연한 반문이다. 그러나 이것은 인맥을 개척하기위한 과정임을 잊어서는 안 된다. 세미나나 연수회에 참가하는사람들은 대개 고지식하고 성실하며 크게 성공하겠다는 야심이별로 없는 타입인 경우가 많다. 승진을 통한 성공보다는 자신의일을 완성하는 데에서 기쁨을 찾는 스페셜리스트들이 많다.

어찌됐건 그들은 최고의 인재들이 아닌가! 그런 인재들을 내편으로 만들면 당신의 역량이 얼마나 커질지를 생각해 보라. 뿐만 아니라 그런 사람들은 혹시 같은 회사에 몸담고 있더라도 당신의 경쟁자가 될 리는 없고 오히려 일방적으로 당신의 성공을위해 도움을 줄 수 있는 좋은 사람들인 것이다.

당신은 양 떼 속에 숨어든 늑대와 같은 입장을 누릴 수가 있고또 밖에서는 일에 열심인 양처럼 보이는 이중의 효과를 거둘 수도 있다. 언제 활용할 수 있을지 알 수 없는 외국어회화교실 같은 곳에 다니는 것보다는 훨씬 유익할 수 있다.

또 한가지 경계선상에 위치한 인맥의 보고는 한직에 밀려나 있는 사람, 정년퇴직이 임박한사람, 인책사임을 하게 된 사람 등이다.

사내에서 거의 존재가치를 인정받지 못하고 있는 사람들인 만큼 자칫 간과하기 쉬운 사람들이다. 그런 사람들이 가지고 있는 회사의 정보를 놓쳐서는 안 된다. 그들은 현역으로 죽죽 뻗고 있는 사람에게선 들어볼 수 없는 사내의 역학관계, 현재 활약 중인 임원의 과거 등 살아있는 생생한 정보를 틀림없이 가지고 있을 것이다.

더욱이 그들의 얘기는 아무도 귀담아 들어주려 하지 않기 때문에 당신이 성실하게 경청하는 태도만 보이면 술술 풀려나오게 마련이다. 당신의 경쟁자, 마음이 맞지 않는 상사, 반대파벌 보스의 아킬레스건을 찾아낼 수만 있다면 대단한 성과를 거두는 것이다. 만약 거기까지 가지는 못하더라도 현재 회사의 역학관계 가운데 납득하기 어려웠던 점을 잘 파악하게 되는 정도의 수확은 거둘 수가 있다.

상대도 지금껏 아무도 들으려고 하지 않던 가슴속 얘기를 털어놓을 기회를 마련해준 당신에게 감사할 것이다.

수많은 '인맥활용법' 분야의 책에 씌어 있는 대로 인맥의 활용은 그처럼 피차간 '기브 앤드 테이크' 하는 법이다.

이제 사외인맥으로 손을 뻗쳐보자.

우선 다음 사항에 유의하도록 한다.

위에서 언급한 한직보직자 등의 인맥과 접촉을 너무 요란하게 하면 '회사에 불만을 지닌 사람'으로 보일 염려가 있는데 그와 마찬가지로 사외인맥과의 접촉도 너무 드러내놓고 하는 것은 좋지 않다.

오늘은 A인사, 내일은 B씨 하는 식의 외부인맥과만 어울리면 특권층으로 의심받을 수 있다. 사귀어놓기는 하되 무슨 계기가 있을 때에만 얼굴이 넓다는 것을 보여주면 인맥활용의 제1단계는 달성하는 셈이다. 기업에 속해 있는 한 생사고락을 같이 할만한 외부인맥은 많이 필요가 없다.

재계인사의 전기를 읽어봐도 사외인사의 도움이 진짜로 필요한 경우는 기업 내에 머무느냐 아니면 그 곳을 떠나느냐하는 전기를 맞았을 때가 많으며 기업을 뛰쳐나갈 수밖에 없는 경우의 인맥은 지금 여기서 논하고 있는 성공을 위한 인맥의 범위 밖이다.

그런 전제 아래 살펴보면 출세를 위한 사외인맥은 그 숫자와 분야의 넓이가 중요하며 또 그것을 임기응변으로 이용하는 찬스의 포착능력이 그 효용성을 좌우한다.

겉보기엔 앞의 말과는 모순되는 것 같지만 사외인맥에선 숫자도 힘이라고 봐야 한다. 따라서 사외인맥을 형성하려면 열심히 명함을 뿌리고 사람이 모이는 곳엔 업무와 관계없더라도 배짱 좋게 얼굴을 내밀어야 한다.

병원출입을 할 일이 생기면 끈질기게 다니면서 여러 가지 얘기를 듣도록 하고 보험가입권유를 받으면 질문공세를 펴서 보험의 실제를 파악한다. 특히 공무원이나 전문직종사자는 두고두고 도움이 되는 경우가 많으므로 이런저런 말을 걸어 자신의 얼굴을 기억하도록 한다.

손쉬운 방법은 그 사람이 속해 있는 직종의 업태를 질문하는 것이다. 봉급은 어떤가, 재미는 있는가, 어려운 점은 무엇인가 등등. 동시에 그 사람의 개인문제도 묻는다. 주택이나 가족구성 등을 물어도 좋다.

그러는 동안 공통의 화제가 생겨나서 대화가 궤도에 오르면 상대는 당신을 기억하게 될 것이며 결국 사외인맥의 태반은 그런 정도의 사람으로 충분한 것이다.

그들 중 일부와는 교제관계로 발전하거나 업무상 관련을 맺게 되기도 한다.

하지만 처음부터 너무 여러 방향으로 인맥을 형성하려고 하는 것보다는 될 수 있는 대로 망을 넓히는 것이 좋다.

적당주의로 생각될지 모르지만 얼굴이 넓은 인간의 교제란 대개 그런 것이다. 국회의원이 진정을 하러온 사람들의 얼굴을 일일이 기억할 수 있을까. 그런 노력이나 하고 있어서야 얼굴이 넓어질 길이 없지 않는가.

적당한 인맥도 그런대로 통용되는 곳이 현대사회인 것이다.

접대를 잘 받는 요령

아무런 흥미가 없는 모임일 경우 접대를 권유받더라도 사양하라.

비즈니스상의 접대는 사실 하기보다 받기가 더 어렵다. 접대를 하는 것은 어느 정도 훈련을 쌓으면 능숙하게 손님을 다룰 수 있게 된다.

그러나 상대로부터 능란하게 접대를 받기란 그리 쉽지가 않다. 접대를 받는 데에도 나름대로의 요령이 필요하다.

접대를 받는 입장일 때엔 조금쯤은 술을 마실 줄 알아야 한다. 술은 한 방울도 못하는 사람으로 푸르츠파르페를 아주 좋아한다는 거래처의 사람을 접대해야 하는 경우 그 난처한 입장을 한번 생각해 보도록 하라.

만일 당신이 전혀 흥미를 가질 수 없는 모임의 접대라면 그런 모임엔 초대를 받더라도 주저하지 말고 사양해야 한다. 골프의 골자도 모르는 사람이 골프모임에 초대되어 접대를 받는다고 생각을 해 보라. 게임이 끝날 때까지 얼마나 힘들고 괴로운 고난의 시간을 보내게 되겠는가?

접대에 익숙하지 못한 사람에게서 가끔 볼 수 있는 현상이지만 상대방의 성의를 무시하고 지나치게 사양하는 것은 좋지 않다. 룸싸롱에 갔으면 상대는 그 정도의 출혈은 각오한 것으로 봐야한다. 그렇다면 그 분위기에 충실해야 한다. 그런데 값 싼 술을 달라는 등 호스티스는 싫다는 등 혐오감을 보이는 것은 자신의 기분도 망칠뿐 아니라 상대에 대한 예의도 아니다. 오래간만에 웃옷을 벗어던지고 마음껏 마셔보려던 상대는 맥이 빠질 수밖에 없다.

또 접대를 받을 때는 지나치게 쩨쩨한 모습을 보여서는 안 된다. 차비를 주면서 콜택시를 불러 태웠는데 중간에 내려 지하철로 갈아타는 등의 소심한 짓을 하면 안 된다.

이왕 접대를 받는 것이라면 다소 기분이 내키지 않더라도 즐겁게 행동하는 편이 낫다. 술을 마시러 가도, 골프를 치러가도 별로 즐거워하지 않고 그렇다고 스스로 뭘 하고 싶다고 제의하지도 않는다면 접대한 사람이 보람을 느낄 수가 없지 않은가. 취미유무와는 상관없이 접대를 받는 자리도 비즈니스의 연속이라는 것을 알아야 한다. 그런 자리에서는 항상 구매에 대한 상담이 빠지지 않기 때문이다. 접대는 하는 쪽이나 받는 쪽이나 힘들고 지치게 마련이다. 그러나 현실적으로 접대문화가 없어지지 않는 이상 피차 즐기도록 노력하는 것이 최선이 아니겠는가.